华 联／主编

德育，应是第一课程

世界图书出版公司

图书在版编目（CIP）数据

中国教育领航. 第二辑 / 严华银主编 . -- 北京：
世界图书出版公司 , 2021.8
ISBN 978-7-5192-8643-9

Ⅰ.①中… Ⅱ.①严… Ⅲ.①教育－研究－中国
Ⅳ.① G52

中国版本图书馆 CIP 数据核字 (2021) 第 103693 号

书　　　名	中国教育领航 . 第二辑
（汉语拼音）	ZHONGGUO JIAOYU LINGHANG.DI-ER JI
主　　　编	严华银
总 策 划	吴 迪
责 任 编 辑	王林萍
装 帧 设 计	包 莹
出 版 发 行	世界图书出版公司长春有限公司
地　　　址	吉林省长春市春城大街 789 号
邮　　　编	130062
电　　　话	0431-86805551（发行）　 0431-86805562（编辑）
网　　　址	http：//www.wpcdb.com.cn
邮　　　箱	DBSJ@163.com
经　　　销	各地新华书店
印　　　刷	保定市铭泰印刷有限公司
开　　　本	787 mm×1092 mm　1/16
印　　　张	127.25
字　　　数	2 222 千字
印　　　数	1—5 000
版　　　次	2021 年 8 月第 1 版　 2021 年 8 月第 1 次印刷
国 际 书 号	ISBN 978-7-5192-8643-9
定　　　价	880.00 元（全 10 册）

丛书编委会

主　　　　任：王仁雷

主　　　编：季春梅

副　主　编：回俊松

编 委 成 员：季春梅　　回俊松　　严华银

策　划　人：严华银

本书编者

编　　　　者：华　联

其言不立，何以成"家"

—— 教育家型校长思想生成之道

当我们把教育家型校长的发展目标定位在"立功立德立言"的高度，且将"立言"作为其发展的至高境界时，在教育家型校长成长与培养的过程中，发展主体和培养主体都会全力关注：如何培育教育家型校长的教育思想？如何帮助校长凝练教育思想？而最无法绕过的问题则是，我们今天究竟需要怎样的教育思想？

改革开放后，中国教育经历过短暂的辉煌后，忽然在商业化、市场化的大潮中受到强烈冲击，很快，外延扩张式发展与内涵跟进不及发生矛盾冲突，直至今天，以分数为评判标准的应试升学的热情从来就高烧不止。课程改革、核心素养改革，一场又一场倡导素质教育、立德树人的改革，尽管取得了令人瞩目的成绩，为我国几十年的经济、社会事业发展提供了强有力的人才支持，但我们也不能不看到，整体上，青少年的道德素养、综合能力、创新精神的培养还有明显不足，在一流杰出科技人才队伍的打造方面，还存在很多困难。从最近几年出现的问题看，人才品质问题、高品质人才教育问题，可能是影响和制约中国未来发展的至关重要的问题。

教育的问题当然不仅仅是教育本身的问题。但作为教育人，也还是要较多地考虑从教育本身来着手解决教育问题。参与了两届国家层面的教育家型校长培养工程，走进这些校长的内心和他们所在的学校，了解他们成长和发展的历程，我们最为深切的体会就是，校长、学校、教育的根本问题，一定是教育思想、教育价值观问题。尤其是校长，假如我们仍然认可有什么样的校长，就有什么样的学校，那么我们就可以说，有什么样的教育价值观，就有什么样的校长。从这一角度看，研究近几十年来的教育，研究教育的问题，首先必须关注教育思想和价值观的问题。

最近这几十年间，我们究竟有什么样的教育思想和价值观呢？比如说，我们有"为学生一生的幸福奠基"的"奠基说"，有"坚守儿童立场"的"立场说"，还有"没有教不好的学生，只有不会教的老师""办孩子喜欢的学校""教育就是服务""让学生永远站在课堂的中央"等一系列被某些人认为富有创意、极为宏大甚至伟大的教育观点和追求。但这些从某一角度和维度看非常正确的教育思想，联系教育方针确定的培养目标、学校教育和学生发展的实际，联系近年来教育和社会出现的种种问题，就会发现其中的偏执和矛盾，就会发现其给具体实行教育的学校管理者和教育者带来的问题不可小觑。一国教育的终极目标，是不是仅仅就为着生命个体一己之幸福，还要不要对家庭、家乡和家国的关怀和奉献？过分强化一己之幸福，无限滋长个人和利己主义倾向，与现实中许多社会问题的集中出现有没有某些关联呢？教育的意义在于引领成长，片面强调学生单向的"喜欢"，片面强调"儿童立场"，那教师、学校和教育的立场还有没有、要不要呢？如果没有和不要，那孩子是不是就可以野蛮生长，或者永远停留在儿童时代呢？一味地强调学生的可塑性，否定教育的复杂性，将教师置于无可再退的墙角，将教育和学校的责任增至"无限"，意义何在呢？原本教师主导、学生主体的非常正常的课堂关系，一句浪漫主义的文学夸张，让教师们不能不愕然：课堂里，学生站在"中央"，那我"站着"还是"坐着"，又在哪里是好呢？许多年来，有这样一种观点，凡不管用什么方法、怎样的表达，只要是为学生讲话，再怎样过分地讲话，从来都是正确的，一片叫好并跟风；相反，为教师讲话，讲传统和传统教育，讲孔孟、《学记》，讲朱熹、王阳明、陶行知，讲几十年教育中的本土实践、经验，响应者、问津者似乎寥寥。我们以为，上述种种轻忽教育立场、弱化教育力量、虚化教师地位、教育理念表达"文学化"的现象，与"教育领域中某些教育者唯西方是从，漠视国情、漠视教育传统，轻视甚或蔑视本土实践和本土经验的教育研究风气"紧密相关。
于是，这些人要么把教育做成了西方教育哲学的跑马场，言必
称建构主义，到处必说佐藤学；要么就是信口开河，语不惊人
死不休，把原本属于科学的教育，几乎化作了浪漫想象、天马
行空的"文学"。

今天，中国教育"转型"发展，"高品质学校"建设任重
道远，尤其需要成千上万的教育家型校长突破现实某些教育思
想和教育实践的误区，努力建构自己的卓越的教育思想，"领航"
千千万万学校，"领航"区域教育，"领航"中国教育，解"唯
分"困局，破"应试"冰山，实现党中央、国务院提出的完善"德
智体美劳全面培养体系"，健全"立德树人落实机制"的改革目标。

何为教育思想？教育思想本不神秘，并不像某些人理解的
那样高深莫测。它实际所指就是办学思想，即校长对于教育的
认识、理解、见解、主张、理念、观点，在具体的办学实践中
的执行和落实，或者说是从学校的教育教学和管理行为中梳理
总结出来的教育理念和思想。它包括教育观、课程观、教学观、
教师观、学生观等。这为任何一所学校任何一个校长所具有。

但从上述分析可知，由于种种因素，不同学校、不同校长，
其教育思想又有高下之别。真正卓越的教育思想，一定是共性
与个性的统一，一般与特殊的统一，坚守与开放的统一。真正

优秀的教育思想，一定是切近人性，尊重科学，符合规律的；真正优秀的教育思想，一定是指向道德，关乎人格，追求情怀的；真正优秀的教育思想，也一定是基于本土，博采他山之石，合于教育价值的。

据此，我们来研究教育家型校长卓越的教育思想的建构问题。

第一，崇高道德必须成为教育思想的内核。让"社会主义事业的建设者和接班人"与"立德树人"的方针、目标和价值观落地，就必须旗帜鲜明、大张旗鼓地弘扬人格与道德、情怀与境界的教育追求。以善良诚厚为本，不断锤炼个性、意志、品格，正确处理好己与人、私与公、个体与群体的关系。传承中华传统，见贤思齐，修身齐家，奉献祖国，达成个人价值和民族伟大复兴的统一。美国普林斯顿大学以"普林斯顿——为了给国家服务"为校训；清华大学以"厚德载物，自强不息"为校训；南开大学以"允公允能，日新月异"为校训；江苏省锡山高中以"做站直了的中国人"为校训，可以说，这些都是办学主体对于教育本质的精准理解和把握。将教育思想的内核由过于偏重个体、个性和个人的幸福的"小我"追求，"转型"至对于家乡、家国、民族的大爱与奉献，达成个人价值与民族复兴统一的"大爱"情怀，既是时代发展的迫切需要，也是社会主义核心价值观的体现，更是教育的根本意义和价值所在。而这一问题的解决，需要校长们站位高远，秉持理想，需要校长们全神贯注、全力以赴。

第二，建构教育思想迫切需要校长们思维理性的修炼和提升。教育思想的重要特点是富于个性，是校长在教育教学实践和办学实践中基于教育的个性化理解而逐渐成熟的办学理想和育人理想，但任何教育思想又必须契合国家主流的教育价值观。个性与共性的统一可以说是教育思想确立的基本原则。教育思想是关于教育问题的本质表达，所以需要拨开云雾，不被表象所迷惑。就育人而言，道德、人格、思维、理性、创新都应是其不可或缺的元素。不仅如此，在凝练教育思想的过程中，还得借助辩证思维、逻辑思维等，处理好传统与现代、人文与科学、传承与创新、借鉴与坚守、专家引领与自主建构的关系。

第三，教育思想的成熟，从来都伴随实践，且伴随实践反思。教育思想首先是优秀校长的，是优秀校长在办学实践中逐渐形成的。办学和教育实践是教育思想之根。从实践之根出发，长出教育之参天大树，并最终凝结为思想之果。这一浩大工程、漫长过程，伴随的是实践主体——校长的不断修剪、打理、矫正和选择，也就是说，反思、改进、践行、循环往复，追求最好，走向更好，是教育家型校长教育思想成熟的必由之路。福建三明学院附小林启福校长带领学校教师，借助专业支持，经过十余年艰苦探索，从"幸福教育"走向"福泽教育"。本期领航校长，宁夏银川金凤三小王晓川校长，在领航专家团队的启发引领下，将原本"说学"并重的教育理念，逐渐明晰为"说以成理，学而至善"，直抵教育本质，实现了教育思想的一次蜕变，正是其实践反思、理性辨正的成果。

第四，教育思想的表达，从来都需要严谨缜密，抓住要害和关键。近年来，在某些区域校长培养过程中，某些校长教育思想的凝练，表现出经院式、标签化、概念性、文学风倾向，助长了办学和教育教学的浮躁、功利和知行不一，这尤其需要教育家型校长通过理性思维，明辨真伪，去粗取精，并最终找到最为科学的表达方式。新疆生产建设兵团华山中学邱成国校长的"才丰似花，德厚如山"理念，海南陵水中学张勇校长的"仁智教育"理念都是十分经典的表达例证，值得借鉴。就教育思想在校园中的呈现而言，育人理念和思想最为根本；就育人文化的呈现而言，校训最为根本。因为学校的价值就在于育人，校长的训词则是对被育对象的严肃训诫和要求，突出呈现这些，就是突出学生主体，就是突出教育的本质。目前，一些区域学校，校园中贪多务全的思想和文化表达，常常淹没了发展主体、教育主旨和核心，其成效适得其反。

教育家型校长，又被称之为领航校长，所谓"家"，"家"在何处？所谓"领航"，究竟引"领"什么？"航"向哪里？至关重要的还是教育思想问题。尤其是在今天这样一个价值多元、教育转型的特殊时期，教育家型校长通过卓越的教育思想，发挥其领航价值，推动我国基础教育快速稳步发展，意义十分重大。

丛书编者

2021 年 5 月

专家感言

　　三年转眼过，在中国教育改革的热土地——江苏，在教育部名校长领航工程基地之一——江苏省师干训中心，一群教育专家，与一群可以被称之为教育义勇军、先行者的领航校长——教育部第二期名校长领航工程9位学员，走过了一段峥嵘、卓越的岁月。

　　他们，阵容并不壮大，少时十数人，多时数十人。问题是，当五湖四海、出类拔萃的校长精英与长三角首屈一指的教育专家一朝相逢，而且一发不可收地亲近、交融，终至于合二为一，成为志同道合的教育"行者"，其生发的聚合和裂变，其结晶的意义和价值，你怎么估量都不为过！

　　曾记2018年，北京受命，南京启航，从此，基地精致组织协调；导师沉稳领航引导；学员潜心研学，竭力修正，其教育内涵逐渐丰富、厚重，其学校文化越发凝练、科学。三年中，被"领航"者，又"领航"着各工作室的成员和学校；三年中，基地、导师、学员、学员的学员，还"组合"成"教育志愿军"，一组一组，一次一次，深入大凉山腹部，从昭觉到布拖，让教育的"精准帮扶"生根校园，惠及教师，落地课堂，直抵每个孩子的心底。

就是在这样的"层递领航"中，我们的理念、能力，我们的情怀、境界，我们的思想、经验，经千锤百炼而不断精进；而且，就在这样的行走中，我们"扩容"了"领航"内涵，拓展了教育价值，也升格了人生境界，终于，我们真的可以无愧于"教育家型校长"的称号。

我们还积累了许多教育的感想和哲思，创造了许多美好的邂逅和故事。我们更收获了深厚的友情，沉淀了悠悠的思念。

终于，到2021年，在安徽池州，在天津南开，在山东济南历城，三场高端的教育思想研讨会，水到渠成地举行，每一位校长，从个人经历中发现成长，从教育行走中感悟价值，从办学成就中梳理经验。终于，一朵名为教育思想的花儿，经历远远不止十月的孕育，含苞，又顺畅绽放，并被精彩命名，且被专家们洞幽烛微地阐述、"微言大义"地点评，由此，她、她们，名正言顺地盛开在中国教育思想的家园。

这里，我们撷取三年生活的"散点"，轻拂去岁月的"尘封"，从痕迹到线索，从即景到场面，真实描述，定格展示。其意义，除了留存和总结，还期望复苏记忆，活跃联想，让所有的亲历者偶尔或者常常回放、回望或者回味——

因为，不论是谁，一生中又能有多少这样的三年呢？

目录

第一章 德育课程的学理性阐述

第一节　德育课程的内涵

　　著名教育家叶圣陶曾说，教育是什么，往简单了说，只有一句话，就是养成良好的习惯。《说文解字》："教，上所施，下所效也"；"育，养子使作善也"。在西方，教育一词来源于拉丁语 educere，由"e"—"向外"、"ducere"—"引领"组成，它最原始的意思是"把人的头脑中原本具有的能力引导出来"。柏拉图说过："教育是为了以后的生活所进行的训练，它能使人变善，从而高尚地行动。""我们可以断言教育不是像有人所说的，他们可以把知识装进空无所有的心灵里，仿佛他们可以把视觉装进盲者的眼里。""教育乃是心灵的转向。"

　　所以，笔者认为，教育的首要任务是育人，而后是知识的传授、技能的培养。而这，也正是当今德育被多次推到"风口浪尖"的原因所在。育人先育魂、育才先育心。改革开放 40 年以来，包括德育在内的教育领域的改革随着中国社会的现代化转型不断发展。党的十八大首次提出："把立德树人作为教育的根本任务，培养德智体美全面发展的社会主义建设者和接班人。"党的十九大报告进一步强调，"要落实立德树人根本任务，发展素质教育，推进教育公平，培养德智体美劳全面发展的社会主义建设者和接班人。"政策文本中的这一指向体现的是新时代我国德育的重要价值地位和德育"以人为本"的新局面。

　　近年来，中营小学一直倡导"时时处处皆课程，一事一物皆教育"就是努力营造德育活动课程化、内容序列化，推进整体化。坚持全域推进、全员融入、全力保障、全面开花，以扎实的行动让德育回归学校教育中心，在育人实践中落地生根，探索出具有学校特色的德育新模式，最终达到"建德育课程育阳光少年"的德育课程目标。

　　什么是德育课程呢？

一、德育课程的相关理解

德育课程是一个系统化的工程，包括了学校育人的课程框架和校园文化框架，就是说让学生从进入校园，从对学校环境、管理、制度的感受，对学校文化的认同，参与各种德育活动的过程中得到道德品质的教育，这里面有德育活动这样直接的教育形式，也有文化熏陶这样隐性的教育形式，这些都将形成校园文化的重要组成部分。校园文化的功能是以校风、学风、文化传统、价值观念、人际关系等观念形态和优美、整洁、有序的生活环境陶冶人，以特有的精神环境和文化氛围感染人，是生活于其中的每个个体有意无意在思想观念、行为方式、价值取向诸方面与既定文化发生认同，从而实现对人的精神、心灵、性格的塑造。校园文化的功能将对课堂教学起到育人的补充作用。

（一）德育课程设置

小学开设《道德与法治》课程，初中开设《思想品德》课程，高中开设《思想政治》课程。小学和初中阶段的德育课程为综合课程，高中阶段采取模块设置的形式，力求体现课程的针对性。

（二）德育课程的目标

课程目标可以分为每门课程的总目标及知识与技能、过程与方法和情感、态度、价值观等方面的分目标，并随学段不同而有区别。现行德育课程目标突出以下特点：全面性、基础性、序列性。

（三）德育课程的内容

1. 生活化

遵循不同阶段学生生活的逻辑，以学生的现实生活为主要源泉，以提高学生解决生活中的实际问题为任务。

2. 综合化

每一学段课程内容力求体现多重价值，整合多种学科内容。《品德与生活》包含了品德教育、科学教育、社会文化教育等多方面的内容。

3. 生本性

课程内容主张从学生成长、发展与生活实际出发，从学生思想品德发展的现状、问题和需要出发，尊重学生已有的生活经验。

4. 开放性

面向学生逐步扩展的整个生活世界，从封闭的教科书扩展到所有对学生有意义、有兴趣的题材。

二、德育课程的内涵及特征

（一）德育课程的内涵

今天，我们倡导的德育课程不应单单指课堂、课程；笔者认为，我们应倡导建立超越学科、超越课堂的"德育课程"概念。课程，是衡量一个区域教育改革站位和认知的重要指标。中小学教育正是依托课程，也只有依靠课程才能使"立德树人"这一根本任务具化和落地。这意味着，课程即育人——道德元素是中小学课程系统内所有课程实体的内植"基因"，德育当属课程的内在应有之义。反过来说，德育是借助、通过显性的和隐性的并融合一切有价值的课程来实现的。因此德育课程应该是"大德育""全课程"，中小学的所有课程都是德育课程，除了国家规定的德育课"道德与法治"等外，还有其他的学科类课程、地方设置的传统文化课程，还有学校自主开发的校内外生活化、活动化、实践化课程，以及隐性课程，如学校精神、物态文化、教师人格、社团组织、管理制度等。

（二）德育课程的特征

1. 以学生发展为本的德育观

现代社会要求以人为本。对学校教育来说，就是以学生发展为本，要求培养学生具有自主人格和独创精神。必须改变过往那种不以人本身、人的需要和人的发展出发，树立以学生发展为本，从学生生活实际出发的人性化的现代德育观念。着眼于全体、使每一个学生都在原有的基础上得到发展。在教育目标上，着力培养学生的道德认知、道德判断和道德选择能力。在教育方式上，应平等地对待每一个学生，对个性特殊、品德偏差的学生要给予更多的关爱，使学生有更好的认识体验和实践。

2. 大德育理念

德育，应该包含政治教育、思想教育、道德教育、法制教育和心理健康教育等五个方面的内容。学校德育工作往往只关注学校内部的道德教育，忽视了德育工作应该贯穿学生整个生活之中，包括学校生活、家庭生活和社会生活。因此，德育课程应充分关注一切有利于学生良好道德行为培养的资源，优化整合，使其能服务于学校的德育目标。

3. 生活化的德育原则

过去的德育工作远离学生生活，脱离学生实际，其教育方式往往是灌输概念，讲大道理，形成假、大、空的现象，实际效能不强，使得学生的行为与认识脱节，学生往往是有道德的认识，缺少道德的情感（认同），难以实现道德的行为。如今的德育课程，一定要从学生的生活实际出发，而不应是从观念出发。通过对话、关怀、活动实践等生动活泼、喜闻乐见、接近学生生活的形式，让学生进行道德体验、实践，促进其健康成长。

4.德育课程的目标

所谓德育课程目标，应植根于党和国家的需要、学校的需要和本校学生的需要。着眼于学校德育工作的现状、学生团体的特性、学校附近社区的德育环境特点，拟定适应本校校情、生情的有针对性的德育目标。德育课程目标的设定应有其一定的序列性。在校学生年龄跨度大、不同年龄的学生，认识事物与是非判断能力均有不同。学校德育工作应形成梯度、螺旋上升，形成序列、整体设计。

三、为德育课程正本清源

在笔者看来，德育课程是一个"立德树人"的课程框架，德育课是其核心——笔者认为应将德育课归入学科课程之列，其他学科课程、传统文化课程和实践活动课程是其主体，学校精神、物态文化、教师人格、社团组织、管理制度等隐性课程是其重要组成部分。

而在现实中，我们痛心地看到，许多学校虽然天天喊着德育的重要性，但在实际工作中确是德育处处为其他教学工作"让路"；有些学校，虽然提出了全员育人、全面育人的口号，但是校长、教师、学生的心中依旧分数至上；有些学校，虽然德育课程按时按点，德育活动"风生水起"，但热热闹闹之后的教育效果不尽如人意。

【德育课程误读案例】

小强是个活泼好动的学生，上课接下茬；下课和同学"动手动脚"，惹是生非……班主任多次批评教育，收效甚微。

班会课上，老师开展了"我爱你，中国"的爱国主题教育。课上，老师列举了许多英雄先烈英勇献身的故事，但课后，学生反应平平。

老师组织学生走进社区捡拾垃圾，但许多学生嫌脏怕累，只有少数学生参与了劳动。

......

点评：在我们的生活中，这样的教育实例还有很多。常常教师们一片苦心，最后却弄巧成拙，没有起到很好的教育效果。究其原因，就是我们的德育没有走进学生的心里，不符合学生的年龄特点，没有真正唤起学生心中的爱，唤醒学生真善美的种子。

所以说，德育课程作为学校实施德育的重要途径，其发展情况不仅直接影响着德育目标的落实程度，而且影响着学校立德树人重任的实现程度。德育课程作为义务教育学校德育的重要环节和德育内容的组织形式，其直接体现了德育目标的要求，德育内容的计划、组织和安排，在很大程度上会影响到德育活动的方式和方法。

因此，调查了解义务教育学校德育课程状况，发现其存在的问题，分析其原因，进而提出相应策略，对于加快推进德育课程一体化乃至整体学校德育工作都具有十分重要的意义。

多年来，我校以"大德育"理念引领一体化新格局，努力做到两个创新，打通德育课程不深入、不生动，脱离学生实际的弊端，让德育真正在学生心中"落地生根""开花结果"。

（一）常年不辍：重在坚持、贵在特色

笔者认为，许多学校的德育实效性不高，原因是多方面的：过分强调德育政治功能；德育作为一门科学，以知识性的学科教学形式进行德育工作，注重了"讲理"而忽略了情感的认同与体验；学校领导受应试教育的束缚，把德育视作软任务，说起来重要，干起来不要，忙起来忘掉，没有把教育摆正位置并有足够的措施保证；观念滞后，信息滞后，方式方法不当，师生关系定位不当，缺乏沟通和了解等。此外，还与德育工作处于被动、"头痛医头，脚痛医脚"、零敲碎打也不无关系。

要提高德育课程实效性，除了提高认识、摆正德育位置外，还应把学校德育提升到课程计划的层面上来，纳入学校实施素质教育的轨迹，通盘考虑，整体设计，分段实施，力求德育内容序列化、德育管理人性化、德育途径多元化、德育方式方法多样化。要从内容上扩充、途径上扩展，方法上整合，措施上落实。重在坚持、贵在特色。

天津市南开区中营小学 50 余年来坚持开展学雷锋活动，促进了学生形成良好的品德和习惯。学校自 1964 年至今，开展以学雷锋活动为主体的教育活动，并随着时代的发展，不断赋予雷锋精神新的内涵。在教育内容上力求深化，在活动形式上力求创新，开展适合各个时代少年儿童成长的各类教育活动，使传统的学雷锋活动在继承中发展，在发展中创新。学校先后 4 次组织学生赴辽宁省抚顺市 81815 部队雷锋班开展活动，到雷锋小学参加全国雷锋小学大联盟"相约雷锋城"暨"雷锋精神与未成年人思想道德建设"论坛活动，把学雷锋活动引向深入。引领学生以实际行动同走雷锋路，开展"我们是雷锋班预备役小战士"活动，各班成立了学雷锋小分队，深入到社区开展形式多样的活动，受到社会广泛赞誉，为学生形成良好的品德奠定了坚实的基础。近年来，学校进一步整理、提炼雷锋精神及精神实质，编写成校本课程，开展"远学雷锋近学身边榜样"的主题系列教育活动，学生在"知雷锋、讲雷锋、写雷锋、忆雷锋、做雷锋"过程中，感受着雷锋精神的时代内涵，让雷锋精神融入学生的思想道德之中，养成高尚的思想品质和良好的道德情操。

学校从 1985 年开始至今，一直坚持开展劳动教育。学校自编课程资源，进行小学生劳动课教学实验，增设了劳技专用教室，建成了 9 个劳技操作台，聘请劳动模范作为学校的校外劳技教师。学校开展的适合学生特点的劳动教育实践活动，因适合学生的年龄发展特点，寓教于乐、新颖独特，也深受学生的欢迎。3—6 年级开展"献爱心，送温暖"社会劳动基地活动，到天津市福利院、养老院、天津市儿童自助中心、武警 6 中队、消防 9 中队等进行义务劳动服务。4 年级开展"我当一日小家长"岗位体验活动。5 年级开展"当一日小义工环保小卫士"活动，搜集长虹公园、南开公园的变迁史，徒步考察，进行宣传。同时开展"对劳动模范、劳动能手专访"活动。6 年级开展到革命历史纪念馆"当一日义务讲解员"活动。丰富多彩的活动，让学生们在潜移默化中学会了爱、懂得了感恩。

多年来，学校坚持开展"读千古美文，做少年君子"的古诗文诵读活动，并将其作为学校文化建设的一项重要的举措。学生们通过古诗文诵读、为古诗配画、写读后感、开主题班会、编小品等活动，培养了学生真善美统一的完美人格，为素质教育提供了有形的载体。

（二）夯实支撑：德育发展立体化、特色化

1. 抓好社会实践教育，让德育"动"起来

新时代的中营小学更加重视拓展教育活动的渠道，实施"自主参与"教育模式，寓教育于实践之中。组织学生担任展览馆、纪念馆、校史陈列馆的小讲解员、当首家红领巾邮局的小营业员、做雷锋班预备役小战士、当电视剧《邓

颖超和她的妈妈》的小演员，许多学生成为体育艺术节上的小运动员、大型舞蹈比赛上的小舞蹈演员、科技活动中的小发明家，学生们在丰富的活动中表现自己，建立自信，德能并举有个性，全面发展有特长。

学校将社会主义核心价值观教育渗透在各项教育活动中，强调教育的针对性、时效性，努力尝试分层教育。如雷锋精神教育，对一至六年级我们分别围绕"知雷锋、讲雷锋、写雷锋、忆雷锋、做雷锋"开展教育活动。再如一年级有入学典礼，了解校园生活，熟悉常规；六年级有毕业典礼，引导学生学会感恩，努力做到活动目标与活动设计符合年龄特点、认知规律，将教育活动落到实处。班级管理实行以班主任为核心的教师集体管理班级的机制，充分利用班主任例会、年级例会时间组织学习教育理论、研讨班级管理方略等。学校把每年五月份定为校园劳动节，至今已 14 届，为学生搭建了展示劳动才华的舞台。充分利用教师、社会和家长资源，辅导校级艺术类社团 20 余个，班级社团 52 个，实现了全员参与。作为区红星艺术团成员校，学校连年在区各类艺术比赛和展演中获一等奖，在国家、市级比赛中获一、二、三等奖多项。

学校开展的丰富多彩、形式多样的活动，让各类学生都能在校园文化活动中寻找到属于自己的空间和位置。活动的本身只是一种形式，但是，当它在学生中产生了凝聚力和实效性的时候，就形成了中营小学的教育文化。

2. 加强和改进家庭教育，让德育"连"起来

学校积极开办家长学校，由校长亲自授课"教育就要培养习惯"，已有 14 讲。充分利用网络平台宣传学校的德育工作，利用班级博客对学生进行思想教育、展示家庭与学校教育成果，实现了家校教育的良好统一。学校成立校、班两级家长委员会，请家长委员会成员研讨学校发展规划，参与学校内部管理和学生社团授课，邀请家长参加学校开放日活动；学校搭建 APP 管理平台，向家长宣传学校各方面工作，传播食品安全、卫生防疫等方面知识，开通校长建议平台，让家长的合理诉求得到及时解决，化解了家校间的矛盾，进一步搭建了家校沟通的桥梁。学校的这些开放开学的做法，使广大家长了解学校、理解学校，进而谅解学校，有力地促进了家校教育形成合力。

3. 规范中小学办学行为，让德育"实"起来

学校以学生良好行为习惯养成教育为基础，实施以班主任为核心的教师集体管理班级的机制，落实德树人的根本任务。修改完善低、中、高学段学生良好行为习惯标准，制作《中营小学学生一日生活规范》课程资源，组织全校教师、

学生和家长进行学习，在日常工作和日常生活中训练学生养成良好行为习惯，通过"讲、树、做、展、评"五个环节，落实学生良好行为习惯的养成教育取得进展。

2007年，天津市南开区五马路小学编写了德育校本课程资源《习惯养成教育读本及评价成长册》，其中劳动教育专设两个篇章，2009年开始实施校本课程，逐步形成了"以劳辅德，以劳增智，以劳健体，以劳益美"的劳动教育特色。

学校的德育工作取得突出成绩，曾荣获全国德育科研先进实验学校、天津市中小学德育工作先进学校、区级德育工作优秀校等称号，少先队获天津市优秀少先队大队称号。

第二节　德育课程的影响

走进树木成荫、碧廊环绕的中营园，校园幽静典雅，楼房平房错落有致，青屋青瓦古色古香，置身其中，浓浓的文化氛围和厚重的历史沧桑感扑面而来。作为天津创办最早的公办小学，百年中营蕴含着深厚的文化内涵，学校不仅是近代教育的先驱场所，更是现代教育发展的历史见证！

在首任校长刘宝慈先生的倡导下，建校伊始，就提出了"勤朴敏健"四字校训，它凝聚着中华民族的传统美德，体现着学校育人的终极目标。实践证明，凝练的四字校训已成为学校之魂，是师生共同创造、共同遵守的行为准则和行动指南，形成了中营人独有的精神风貌。

中营小学历任的十五位校长更是丰富和发展了学校深厚的文化底蕴。学校在继承传统教育理念的基础上，结合新形势对教育的要求，赋予了四字校训新的文化内涵，使其更具时代精神，更具生命活力。

——"勤"：勤勉敬业，勤奋好学，乐于奉献，昂扬向上。

——"朴"：生活俭朴、做人纯朴，做事务实、返朴求真。

——"敏"：敏而好学，大胆质疑，注重探究，勇于创新。

——"健"：坚持锻炼，身心健康，乐于交往，坚强自信。

长期的实践证明，"四字校训"形成了优秀的学校文化，并得到了传承和弘扬，已成为学校全面育人的"辐射源"，成为素质教育的"能量库"，成为一部无声的"教科书"。

而这种文化的熏陶，正是一种潜移默化的德育。

一、德育课程是学校发展的灵魂

德育是我国教育工作的灵魂，不管是在遥远的古代，还是在科技发达的今天，我们所提倡的教育模式仍然是实践能力、知识水平、道德素质三者并驾齐驱，三者都要抓，且三者都要硬。青少年是未来社会主义的建设者和接班人，社会大众对其的要求是：不仅有过人的头脑，超前的意识，还要有良好的思想政治素质。古人曾将"立德"作为"三不朽"之一，把"明德""传道"作为教育的首要任务。这对我们今天培养的人才，教育下一代的学校，德育尤为重要。

列宁曾指出，在任何学校里，最重要的是课程的思想政治方向。毛泽东同志也曾着重指出，不论是知识分子，还是青年学生，都应该努力学习，除了学习专业之外，在思想上要有所进步，政治上进步，这就需要学习马克思主义，学习时事政治。没有正确的政治观点，就等于没有灵魂。

习近平总书记在全国教育大会上强调，要坚持中国特色社会主义教育发展道路，培养德智体美劳全面发展的社会主义建设者和接班人。这无疑对德育工作提出了更高的要求。因此，进一步深化德育改革并构建更加科学完善的学校德育课程框架，是贯彻落实全国教育大会精神的重大举措。德育作为有目的、有计划、有系统地培养受教育者思想品德的活动，在我国各类教育活动中居于首要地位，一直以来受到党和国家的高度重视。习近平总书记在全国教育大会上指出，"在实践中，我们就教育改革发展提出一系列新理念新思想新观点"，"坚持把立德树人作为根本任务"是"我们对我国教育事业规律性认识的深化，来之不易，要始终坚持并不断丰富发展"。《国家中长期教育改革和发展规划纲要 (2010-2020 年)》提出要"构建大中小学有效衔接的德育体系""增强德育工作的针对性和实效性"。其中，科学构建作为学校德育主要载体的德育课程框架、合理确定课程的设置及课程标准，是德育体系建设的重点。

由此可见，德育是学校教育工作中的重中之重。育人要先育人的灵魂，只有德育工作抓好了，学校的各项教育工作才能一如既往地前行。德育工作是学校工作的灵魂，它致力于对学生思想品德和人格素质的培养，体现着学校教育的基本目的，贯穿德智体美劳教育实践的各个方面，统领着整个学校教育。它对青少年学生健康成长和学校工作起着导向、动力和保证的作用。小学德育是社会主义精神文明建设的奠基工程，是提高全民族思想道德素质的奠基性教育。

我国学校德育课程建设经过多年来的持续努力已取得了可喜的成绩，但仍存在不足之处。如何构建既能满足新时代新需要又适应学生自身发展的大中小学有效衔接的德育课程框架，并在实践中有效地实施，已成为当前教育理论和实践界共同面对的重要课题。

笔者认为，现行新的教育方针，把立德树人作为教育的根本任务，加强小学生德育课程，应努力做到以下五个方面。

（一）加强学生德育管理顶层设计

坚持学好、执行好新的《小学生守则》《小学生日常行为规范》，让《小学生守则》《小学生日常行为规范》成为学生"人知人晓工程"，真正入脑入心，成为学生的行动指南。教育学生必须要遵纪守法，树立纪律意识、底线意识，模范遵守各项规章制度，养成良好的日常行为规范。

（二）抓好课堂德育主渠道

学生每天绝大部分的时间是在课堂中度过的，引导教师充分挖掘学科课程中蕴含的德育功能，把德育教育渗透到每一节课中，齐抓共管，形成合力，特别是寓德育于语文、数学、英语、音乐、美术等学科教学中，让学生在知识的学习中潜移默化受到教育，是提高教师专业素质的首要任务。

（三）打好学生德育管理的持久战

学生德育课程不能暴风骤雨，一蹴而就；而是毛毛雨，细雨润物，这是由学生青春期的心理特点所决定的。坚持"低起点、小步子、慢节奏"，从使用文明用语、扫好地、做好操、排齐队、不乱扔垃圾、不追逐打闹等小事抓起，警钟长鸣，让德育常态化。

（四）创新德育管理形式

以各种活动为载体，开展喜闻乐见的德育教育活动。利用重大节日（国庆）、纪念日（建党日、建队日）、重大活动（运动会）、升国旗、才艺展演等开展系列主题教育活动，寓教于乐，学生参与的积极性高，才能收到事半功倍的教育效果。

（五）发挥学生自主管理的优势

在强化外因管理的同时，还要发挥内因的主体作用。充分发挥班委会、少先队等学生组织的作用，融入学校日常管理中来，让学生成为管理的主人。因为他们接地气，熟悉学生所想所思，让学生参与学校监督检查、总结评比，明确各自应该承担的义务。只有这样，学生才会具有主人翁意识，努力完成学校老师布置的任务，学会做班级、学校的主人。

二、教师肩负着塑造灵魂的重任

习近平总书记在全国教育大会上强调，要坚持立德树人，解决培养什么人、怎么培养人、为谁培养人这一根本问题。这里强调的立德树人，主要从德育入手，包括整体德育和分层级、分段式的德育。

德育课程固然包含一定的概念、判断、命题等知识内容，但是这些知识性内容主要不是作为客体化的知识体系供学生记忆，而是作为一种学习载体，服务于学生特定思想意识和价值观念的建立。也就是说，德育课程不同于其他课程的显著特征就在于，它致力于改变的是人的主观世界而不是客观世界，因而价值性是其最基本的课程属性。要实现这一课程目标，就必须高度重视学生主体性的唤醒和主动建构，充分肯定学生的生活经验在课程中的重要作用。如果德育课程的内容不能够很好地与学生的生活世界相对接，那么，学生的主体性就很难被唤醒，课程的育人目标也就难以落实。因此，德育课程的变革能否真正达到预期目标，关键就在于能否形成正确的课程观，能否准确理解德育课程的性质和特点。

新课程标准的特点在于"品德培养回归生活""关注儿童的现实生活""积极引导儿童的发展""情感、态度、行为习惯与知识、技能培养的内在统一""倡导自主、探索性学习"。这五个方面精确地概括了新课程标准在德育课程开发与研制上的创新之处，尤其值得称道的是使课程回归儿童生活的努力。新课程标准一改以往按知识为逻辑的组织方式，关注儿童现实生活，从儿童现实生活出发来组织课程目标与内容标准。《道德与法治》从儿童生活的四个维度或者说四个价值追求出发来精选儿童生活素材，使儿童在健康、安全、积极、愉快、动脑筋、有创意的生活过程中学习道德，重新摆正了生活与道德的关系。《道德与法治》则从儿童不断扩大的生活领域出发来组织内容和素材，力求使课程建立在儿童自身生活经验的基础之上。

所以，新时代，德育课程的特点、儿童成长的特点要求教师不仅是师者，更是使者。课程思政、专业思政理念贯穿于教育教学过程始终的要求，是实现教师教书育人的关键。教师在教学过程中充分发挥主观能动性，切实有效地将立德树人内容与专业课程内容相结合，是促进"三全育人"系统性多元化整合路径的实现。

新时代，教师的育人方式已经面临四大转变，即教学方式由知识育人向文化育人转变；教学内容由单纯知识逻辑向融合知识背景转变；教学链条由单门课程向整个教学体系培养转变；教学任务由普通的灌输式判断学生的接受度向实现立德树人根本任务转变。这"四个转变"的实现就需要教师在做学生的引路人时充分发挥其德育的作用，是教师通过在实施教学过程中体现模范影响、鼓舞动机、智力激发和个性化关怀等方面实现立德树人目标，让教师在教书育人中懂得如何回归本分，认清角色，找准定位，明确职责。

教师是离学生最近的人群之一。教师要成为塑造学生品格、品行、品位的"大先生"，这是在全国高校思想政治工作会议上习近平总书记提出的殷切期望。这也就是从实践的角度要求教师应该把德育内化为教书育人的影响力，在课程教学中针对"只教书不育人"的问题，让教育回归本质，实现知识、能力培养与价值观培育的有机统一。教师在教育过程中坚持"立德树人"为根本，贴近实际、贴近生活、贴近学生，深入挖掘知识本身所蕴含的价值观念和道德内涵，把德育内容融入教育教学的各环节，提高学生的综合素养。并在实际的教学中，在特定的教育教学情境中，应贯穿特定的德育内容和教师良好的情感、态度、价值观，通过在德育中的情境体验模式，促使师生形成一种相互学习、相互尊重的新型的和谐关系。

所以，笔者认为，新时代的教师，应具备"四力"：认识力、规划力、影响力、沟通力。

"认识力"拓宽教师德育课程的主体。教师对于德育课程的价值认同度首先要高。以往普遍存在的"德育工作是思政教师以及辅导员的专项工作"的思维定式便是教师对于德育工作价值认同度低的表现。在课程思政与思政课程并重的大环境下，德育课程的主体也逐渐由思政课教师扩展到全体教育工作者，从这一角度看，转变专业任课教师的职责认识，提升其对于德育课程的价值认同度是十分必要的。

"规划力"明确教师德育课程的内容：教师对于德育课程的规划体现出教师对于未来一段时间所要达成目标的总体设想以及为达成目标所进行的计划安排。从德育角度来讲，规划力侧重的是教师对于塑造学生的价值观、道德观、伦理观等所进行的分阶段实施计划，如根据学生所处的学习阶段、国际国内形势等融入不同的德育内容，从纵向维度推进立德树人任务进展。

"影响力"落实教师德育工作的目标：教师影响力的发挥是一种潜移默化的过程，实际上，我们平常所描述的影响力也是侧重于主体在人格、思维、价值观等方面向客体传达的一种引导方式。从这一角度来说，德育课程影响力实际上是主体教师向客体学生传达思想意识的能力，强调的是浸润的过程，这也正是德育课程所追求的目标。

"沟通力"发挥教师德育课程的作用：沟通力在师生交往中至关重要。提高效率、达成目标都需要发挥沟通力。在教学过程中，专业知识的传授和德育课程的实施以及沟通力的发挥都是十分重要的。学生对于思政的认知不仅需要教师本身对于德育课程的价值认同度，教师的沟通力是德育课程成败的关键一环。

所以说，高素质的师资队伍是德育课程能否深入开展的关键所在。近年来，中营小学通过举行"不担当不作为专项治理"启动会、学习师德建设相关规定、聘请专家到校进行讲学等方式，进一步提高广大干部教师做好教育工作的责任感和荣誉感；通过教师节举行隆重表彰大会，表彰先进个人，请优秀教师介绍先进事迹，每位教师签订"不从事有偿家教""不接受家长礼品、礼金和宴请"的承诺等方式，进一步增强教师做好教育工作的理想信念；通过举行"团结、奋进、和谐、快乐"主题文艺会演、教师群众活动、心理健康辅导等方式，进一步弘扬正气、凝聚人心、展示才华；通过举行教育教学工作会议，表彰先进，宣传典型，传播先进教育思想，总结教育教学经验；通过教育科研课题的实践研究、聘请专家讲学与现场指导、举行阶段性成果汇报、展示课题引领课、听评课"大家谈"，进一步提高广大教师的科研意识和科研水平，增强广大教师做好教育教学工作的自觉性、主动性和创造性。"十二五"期间，学校和教师个人承担的44项国家、市、区级科研课题均已结题，学校承担的市级规划课题《关于"百年中营严谨善导"的办学特色的理论与实践研究》获得A级鉴定成果。学校和教师个人的数十篇科研成果或论文在各类刊物发表或在各级论文评选中获奖，王振刚老师出版专著多本。学校被评为区级教育科研先进单位，并做经验介绍。学校教师有300余节课在全国、市、区各类优质课评比中获奖或做观摩课，30余名教师晋升为高级教师，1名教师晋升为正高级教师。近年来，学校在区统一质量监测中成绩名列前茅，每年都有近30名学生被天津市外国语大学附属中学录取，有7名体育、艺术特长生提前被优质中学录取。学校荣获天津市"师德建设先进单位"和南开区"教育教学质量综合优秀学校"等荣誉称号。

三、让德育走进学生心灵

苏霍姆林斯基说："道德准则只有当它们被学生自己去追求、获得和亲身体验的时候，只有当它们变成学生独立的个人信念的时候，才能真正成为学生的精神财富。"这说明德育必须走进学生的心灵，通过学生的内心转化，而不是教育者苦口婆心地说教才能达到实效。

作为百年老校，中营秉承"发掘学生潜能，培育时代新人"的办学理念、"百年中营，严谨善导"的办学特色和"勤朴敏健"的校训，引领学校、教师和学生发展。在110多年的发展历程中，学校积淀了诸多优秀传统文化需要后人继承；并随着时代的发展变迁赋予其新的内涵，在继承中发展，在发展中创新。

办学理念内涵：每一位学生都是一个有思想、有个性的独立个体，他们在各自发展与成长过程中潜能将被不断地开发、挖掘和释放，这就需要学校和教师要尊重每一位学生，要为每一位学生提供公平、均等的学习机会，为每一位学生搭建随时展示自己才能的舞台。因此，让每一位学生健康、全面、个性发展，是我们教育的目标与归宿。特别是党的十九大以来，我们国家进入到中国特色社会主义新时代，习近平总书记对"育人问题"多次做出重要批示，为实现立德树人的根本任务指明了方向。

进入新时代，中营小学师生应具有以下特点：有远大理想，有科学思想，有道德情操，有真才实学；有奉献精神，有奋斗精神，有担当精神，有创新精神。

办学理念指引我们面向全体学生，尊重学生个性差异，丰富课程体系，完善管理机制，科学评价学生，实现学生健康全面发展。在落实好工作规范的基础上，关注每位教师的发展，为每位教师搭台铺路。

"实现师生全面发展"是学校工作的目标与归宿。"全面发展"既指学校各项工作的不断提升，又指师生个体和群体的全面发展、健康成长。

教育的最高境界应该是真正触及孩子的灵魂，应当是引导学生自我教育、自我锻造、自我发展。因此，我们在实施德育课程过程中，始终坚持一个理念，那就是德育"入心"，体验先行。

习惯培养，取得进展。以学生良好行为习惯养成教育为基础，实施以班主任为核心的教师集体管理班级的机制，落实《中小学生守则》和《小学生日常行为规范》的教育目标。修改完善低、中、高学段学生良好行为习惯标准，通过"讲、树、做、展、评"五个环节，落实学生良好行为习惯的养成教育取得进展。

活动创新，典型涌现。坚持开展60年的学雷锋活动取得新进展，三代教师中学雷锋标兵各展风采。学校开展"以身边伙伴为榜样，以雷锋为道德模范，以周恩来为人生楷模"主题教育系列活动。在建校110年纪念日，举行了"庆百十华诞扬雷锋精神树人生楷模"主题教育活动，表彰了89名师生学雷锋标兵，命名了4个学雷锋中队。充分利用《永远的丰碑》校本课程资源，深入开展"知雷锋、讲雷锋、写雷锋、忆雷锋、做雷锋"教育实践活动。三至六年级各中队坚持常年到天津市养老院、903 公交汽车站、社区绿地等处开展学雷锋实践活动；100 余名师生参加了天津市义工队，义务为困难集体和个人服务，得到好评。六年级学生刘璐莹被评为天津市"美德好少年""学雷锋好队员"等称号。

师生家长，共同发展。坚持以形式多样的教育活动为载体，利用各种机会锻炼教师队伍，师生、家长共同践行社会主义核心价值观。如：举行一年级开学典礼和六年级毕业典礼，激发学生主人翁意识和感恩之心；开展自护演练活动，提高学生法治意识和自护、自救能力；开展小型多样体育运动会，提高学生自觉锻炼的意识，增强学生体质；开展心理健康团体辅导、个体疏导和心育节活动，增强学生勇于挑战困难、抗挫压能力和团队意识；开展艺术节展示活动，张扬学生个性，展示学生才华，增强学生自信；开展庆祝重大节日教育活动，激发学生热爱祖国、热爱社会主义、热爱中国共产党的情怀。总之，通过开展丰富多彩的教育活动，健全学生的人格，促进学生全面发展、健康成长。

体艺科技，成绩凸显。坚持以学校为主体、以社会为依托，开展多种多样的社团活动和兴趣小组，发展学生的个性特长。目前，学校成立了体育、艺术、科技和学科类校级社团 60 余个，每个社团坚持每周活动 2—4 次，每次活动 1—1.5 小时，成立班级兴趣小组 56 个，每周五下午开展活动。学生们克服重重困难、兴致勃勃地参加每次活动，在辅导员指导下取得可喜成绩。近年来，学校体育、艺术、科学等团队参加全国、市、区级比赛获奖 60 余项，学生个人获奖几百人次，有数百名学生被认定为体育、艺术特长。积极组织学生开展校、班两级社会实践活动，创建社会实践基地 30 余个，学生在实践活动中体验、感悟、欣赏和创造生活，提高了学生实践能力和创新精神。

渠道拓宽，家校共建。坚持开展"教育就要培养习惯"主题系列家长学校讲座，传播科学教育方法；坚持开展家长开放日活动，聘请家长走进学校参与学校重大教育活动，参观学校食堂；坚持召开家长委员会，虚心听取家长意见和建议，并结合学校工作及时整改；充分利用 APP 管理平台，宣传学校校史文化、优秀师生事迹和重大教育活动等内容，让家长及时了解学校工作和活动情况，特别是建立了建议平台，家长与校长直接对话，对学校工作、队伍建设等方面提出意见和建议，直接架起了家校沟通平台，化解了家校矛盾，稳定了社会秩序。积极组织四至六年级学生开展国际理解教育，让学生走出国门，了解异国风土人情和文化特点，激发学生立足国情、放眼世界的胸怀，更加激发学生的爱国情感。活动结束后，参与活动的教师制作教育活动资源，向中营和永基小学全体学生汇报活动过程和活动体会，拓宽国际理解教育的范围。

教育的魅力在创新，德育的价值在育心。学生只有在实践中砥砺，才能丰富人生阅历；学生只有在体验中感悟，才能升华生命素质。体验是"没有教育痕迹的教育"。引领学生体验，为学生搭建成长的舞台，让每一位学生的生命价值都能在德育中得以提升，是每一位师者不懈的追求！

第三节　德育课程之"所以然"

学校为什么要有德育课程？

德育是学校工作的灵魂，它致力于对学生思想品德和人格素质的培养，体现着学校教育的基本目的，贯穿德、智、体、美、劳教育实践的各个方面，统领着整个学校教育。它对青少年学生健康成长和学校工作起着导向、动力和保证的作用。小学德育是社会主义精神文明建设的奠基工程，是提高全民族思想道德素质的奠基性教育。学校作为教育机构，必须承担起塑造孩子们人格的伟大使命。怎么样才能使孩子们在小学时代就建立正确的人生观、价值观、世界观，是现在小学德育教学刻不容缓的研究课题。

习近平总书记强调，要围绕立德树人根本任务，把培育和践行社会主义核心价值观、传承中华优秀传统文化融入国民教育全过程。如何推动社会主义核心价值观和中华优秀传统文化进课程、进教材、进课堂、进学生头脑，是各类各门课程亟待研究和实践的课题。

教育部原部长袁贵仁曾指出，课程教材是学校德育工作的重要载体，是构建德育体系的基础性工作，要整体规划大中小学德育课程。一是坚持正确的导向。要全面贯彻落实党中央对广大学生健康成长、全面发展的系列要求，坚持德智体美、德育优先，教书育人、育人为本的要求，充分体现社会主义核心价值体系，深入总结10年来德育教材建设的成功经验，广泛吸取学术界研究成果。二是坚持科学的态度。要始终坚持思想品德教育的科学地位，遵循教育规律、教学规律、人才成长规律，注重把握思想品德教育规律和新时期思想品德教育工作的特点。三是坚持民主的作风。要充分交流，集思广益，通过多种形式广泛征求各方面意见，特别是一线教师和学生的意见，努力取得各方共识。

国家督学、上海市教育学会会长尹后庆也曾发文指出，在深化课程改革中，开展中小学"德育课程"的研究与实践非常重要。德育要尊重学生成长规律和教育教学规律，改变重理论知识传授、轻学生实践能力培养、忽视德育实效的现状。立德树人，以德为先，只有筑牢思想道德根基，才能确保青少年健康成长、社会发展进步、国家长治久安。

可见，德育课程在促进学校内涵发展方面，起到至关重要的作用。在我国现行的德育课程体系中，中小学德育课程设置原来主要依据教育部2002年颁布的中小学德育课程标准。该课程标准于2003年开始修订，2005年教育部下发了《教育部关于整体规划大中小学德育体系的意见》(以下简称"意见")，对中小学课程设置又增添了新的内容和新的提法。2016年教育部又发出通知，进一步将义务教育阶段的德育课统一更改为"道德与法治"课程。目前，我国义务教育阶段主要开设"道德与法治"课程。

虽然，教育部门这些年经过不断探索和改革，例如2005年教育部"意见"对大中小学德育体系做出了整体规划，从原则、目标到内容、课程设置都提出了明确的要求，我国学校德育课程建设确实取得了明显成效，德育课程体系的科学性和吸引力明显增强。大中小学德育不仅具有针对性，而且内容更加丰富，层次更加清晰。小学开设以公民基本道德素质教育为基本内容的品德与生活、品德与社会类课程;中学开设以提高学生思想道德水平为基本内容的思想品德、思想政治类课程;大学开设"马克思主义基本原理""毛泽东思想和中国特色社会主义理论体系概论""中国近现代史纲要""思想道德修养与法律基础"等课程。这些课程应更加符合与体现我国现在青少年学生身心发展的特点及其生活经验，容易引起学生的兴趣和共鸣。但笔者认为，现行的学校德育课程体系仍然存在诸多问题，有待进一步完善。

一是学校德育课程内容缺失问题。

德育课程的教学内容，必须保证其系统性和完整性，只有科学合理的、适合不同阶段学生的德育课程才能让学生受到系统的、完整的德育教育，然而现实中大多数学校的德育课程内容却存在着严重的内容缺失或者断裂。例如，现在我国的教育依然是九年制义务教育，虽然现在全民的学历水平整体提高了，社会各界大学生、研究生甚至以上学历人员数量明显提高，但不可否认仍然有很多人在小学、中学就辍学进入社会了。对于这些进入社会生活的人来说，他们应该受到良好的德育教育以提升自身的品德和工作素养，以便他们可以更好地适应社会上的工作和生活。然而在小学甚至中学，德育课程内容却存在着严重缺失的现象。例如小学德育课程中，几乎没有爱岗敬业、做事公正、知法守法等职业素养的内容，也没有劳动工作者的权利和义务等内容，这种德育内容的缺失使得他们不能良好地胜任较早的社会生活，甚至影响他们以后的职业发展。

二是学校德育课程内容倒置问题。

教学中的所有课程，都应该有一定的层次性，内容必须适合学生的年龄特点，必须与学生不同的受教育时期相匹配，从小学、中学直到大学，课程内容的难易程度必须有一个层次逐渐提升、内容广度和深度的逐渐加深的过程，学校德育课程也是如此。然而我们现今的学校德育课程体系，却慢慢忽略了这个问题，虽然这些年来，全社会对于学校德育课程的教学更加重视，学校整体的德育意识显著加强，学校德育课程的教学也更加认真，但是还存在着内容倒置的问题。例如，现在很多小学的人教版课本《品德与生活》中涉及"社会主义荣辱观"等比较深沉的内容，这些内容的设定明显不符合正在上小学的学生，他们由于年纪还小，对整个世界和国家还有我们的社会认知很少，基本上不会真正理解社会主义荣辱观深层次的意思，在没有一定生活经历的情况下教给学生们社会主义的问题，起不到其应有的效果；再者，在现在大部分的中学教材中，普遍设置了许多有关马克思主义和政治的内容，可应该教给学生的法律常识、道德品质、心理健康等内容却极少。与此同时，虽说一些学校在选修课内容上涉及一些道德、法律、心理健康方面的内容，但是学校并没有重视起这方面的教学，学生也不在乎这方面的学习，原因就在于，在全国普遍重视升学率、普遍看中分数的情况下，应试教育和应试备考的思想观念早已深入人心。

三是学校德育课程内容简单重复问题。

从我国大部分学校德育课程内容来看，德育课程内容仍然存在着简单重复的问题。学校德育课程的教学，应该从符合学校的实际情况和教学目标出发，同时要考虑到学生年龄、思想素质的发展和形成规律，将德育课程内容划分有层次性的、前后相互关联的课程内容，只有这样呈现阶梯性的教学内容，才是最适合学生的。然而现在的德育课程内容，却简单又反复，而且这种反复存在于学生各个学段。从本质上来说，教学内容应该出现反复现象，但是这种反复却是为新内容的学习打基础的，其内容的深度和广度也必须有适当的提升，这样不仅能起到复习旧知识的作用，还能为学习新知识打下基础。显而易见，德育课程的内容并没有起到这样的作用。

四是学校德育课程内容跨度较大的问题。

学校在学生的受教育阶段开设德育教育，其根本的目的是促进学生思想品格、道德素质的提升，是为了将学生培养成为一名人品端正的社会主义建设者和接班人，虽然在学生的不同阶段，其德育的内容不同，但整体来说都是为了这一目标而服务的。因此，各个教育阶段的德育课程应该相互配合，难度、内容等层层递进。然而我国目前的诸多德育课程教学体系中，却存在着内容跨度太大的问题。虽然不同的教育阶段，其内容侧重点本就是不相同的，高中的德育课程内容在难度上也应该比初中的课程难度大，但是，从初中到高中难度的跨越应该适度，慢慢递进，而不应该是突然加大，这会直接导致学生在学习过程中的不适应。例如，小学中的德育课程，基本上是以思想品德等内容为主，课程内容整体来说与学生的生活联系较多，接近学生的生活，学生理解起来相对容易，课程内容也更加生动。而在中学阶段，德育课程内容以马克思等政治理论为主，学生由于多方原因不易于理解。而且从初中到高中，两者的内容跨度较大，难度跨度也不适当。

所以说，教育在发展，时代在变迁，中国的德育实现现代化，让中国的德育与世界接轨，是当前德育改革的头等大事。经过40年改革开放，我们也欣喜地看到，中国的教育事业取得了飞速发展；我们的教育改革与时俱进，在中华大地上处处显露出勃勃生机。特别是有些学校的德育建设、德育课程，更具人性化、时代性、丰富性、前瞻性，真正起到了引导学生们努力做德智体美劳全面发展的社会主义建设者和接班人的教育效果。

1. 优秀案例——上海市长宁区愚园路第一小学

作为上海市长宁区校本课程建设的一个案例，上海市长宁区愚园路第一小学以文化建设引领，动员全校教师参加实践性的校本德育课程的开发，从中得到了行之有效的经验。同时，在文化建设的主题下，学校活用家庭、社区的社会资源，为构建一个视野更加宽广、实践性更强、对学生发展更有促进作用的德育课程而努力。学校推崇"在合作的氛围中自主成长，在文化的熏陶中幸福成长，在和谐的校园中全面成长"的办学理念，少先队组织勇于创新、充满活力，被评为上海市首批少先队工作示范校。以"愚—幸福成长三十事"为主线的综合实践活动、以"成长故事"命名的自主教育课程、以优秀毕业生回归母校服务的荣誉课程……少先队工作贯穿于学校课程计划之中，实现了学校全面育人的目标。

2. 优秀案例——成都七中实验学校

2019 年 3 月，成都七中副校长毛道生出任成都七中实验学校校长。这位曾被评为成都市优秀青年教师、成都市学科带头人、省支教先进个人、省中学化学骨干教师、首届全国教育硕士优秀学员等荣誉称号，并身兼四川师范大学教育硕士生导师、四川省教育学会德育专委会常务理事、四川省普通高中课程改革学科专家指导组成员等职务的"学者型校长"认为，学校不能因为德育在"德智体美劳"的首位，就把德育放在高高在上的位置，与下面的东西割裂开来；也不能因为德育来源于"小事"，就配合教学，德育应始终引领教学。

他认为：一所成功的学校应该有自己的文化魅力，学校文化是一所学校的灵魂。优质学校的内在品味表现在有灵魂、有人味、有追求、有定力、有大师、有生趣。改变一所学校要改变学校的精神文化品位，改变一个教师要改变教师的价值取向，改变一个学生要改变学生的目标定位。优质学校的达成路径要以文化为灵魂、以课程为载体、以教师为依靠、以管理为保障、以变革为动力、以设备为支撑。而成都七中实验学校坚持"自我教育"，鼓励和引导学生在德育上自治、智育上自学、体育上自强、美育上自乐、劳育上自立，成为大写的我、充实的我、独立的我。让学生在这里都能找到适合自己的成长沃土。

3. 优秀案例——天津市中营小学

教学是一门艺术，那是因为课堂教学中融入多种艺术表现形式，如音乐、绘画……教学更是一门慢的艺术，需要学生主动参与，静心思考，时常温习。在 40 分钟的教学时间里，要尊重学生的认知规律，把握课堂教学的进程。在学生质疑处慢下来，在学生出错处慢下来，在学生分享处慢下来。教师的即时反思与即时的课堂调控，让课堂教学发挥最大效益，向高效课堂迈进。学生亲历了知识发生过程，收获了课本以外的成长。

学生质疑处慢下来。学生在学习过程中，出现了疑问，尤其是没有特意安排质疑环节的情况下，学生主动提问，那一定是学生心中的"真问题"，是经过了深思熟虑之后产生的问题。很多时候，也带有一定的普遍性。因此，教师要即时地进行课中反思，根据学生所提的问题做出判断，或采取即时解决问题的策略，或采取延时解决问题的策略。

笔者曾聆听四年级语文老师执教的《记金华的双龙洞》一课，当学生读到文本中的这句话"山上开满了映山红，无论花朵和叶子，都比盆栽的杜鹃显得有精神"，情不自禁地举手提问：老师，"映山红"不就是"杜鹃"吗？

　　看来，这个学生不仅知道这个基本常识，而且是认真读书了。恐怕这个问题，也带有普遍性。课堂上，教师肯定了这个爱读书的学生，而后放慢了教学进程，在教学预设中临时决定增加一个环节：请同学都来读一读，看看谁能帮助他解决这个问题，叶圣陶老爷爷为什么说"山上开满了映山红""盆栽的杜鹃"呢？

　　学生喜欢质疑，更喜欢解疑。在一遍一遍的读书中，终于发现"映山红"的得名，是因为这种花长在野外，漫山遍野都是，把整座山都映得红彤彤的；"杜鹃"，则是"映山红"的学名。文中的"映山红"不可换成"杜鹃"，原因是"山上开满了映山红"，读着这句话，头脑中就会浮现出满山红杜鹃的美丽画面，文与景融合在了一起。而如果把文中那句中的"杜鹃"改成了"映山红"，那么文与景就不相符了。

　　一次没有预约的质疑，却在老师、学生的静心读书中释疑了。教师慢下来，引领学生学会学习，不仅让学生习得知识，更收获了尊重。这样的德育课程教育效果虽小处"落笔"，却意义深远。

　　学生出错处慢下来。学生的出错处是课堂教学中的宝贵资源，也是课堂教学中应该抓住并利用的教学资源，引导着学生经历由"错"到"对"的过程，也是学生由"不会"到"会"的过程。在这个过程中，学生不仅"学会了"，而且"会学了"。教师在课堂教学中要时时捕捉如此宝贵的教学资源。

　　一堂课即将结束的时候，一位语文老师让学生展示生字本中所写的钢笔字。映入我们眼帘的是一个"徽"字，当学生写第三个的时候，竟然写成了"微"。

　　也许，教师直接告诉学生，写"徽"字时，要注意什么，也能达到纠正的目的。但是，教师没有简单地告诉，而是让学生看看"徽"和"微"有什么区别。学生不难发现，"微"字中有一个"几"，"徽"字中"横"下面的部分是"系"字底。继而，教师让学生理解它们所代表的意思。"微"字中带有一个"几"，可以组词"茶几"，"茶几"的"几"的意思就是小桌子。与大桌子比起来，就很小了，于是，就产生它的意思——微小。

　　"徽"字，"横"下面的部分，叫"系"字底，"系"字底表示什么呢？学生知道代表线、绳子。教师引导，现在我们把校徽用别针别在胸前。古代可不是这样，古代人们要用绳子把招牌或者徽标系在高处。人们在远处就显而易见地看到了。所以，"徽"字"横"的下面是"系"字底。

　　这样细致引导学生追溯汉字本源，学生还会再写错吗？这样的课堂，正是我们所追求的高效课堂。教师充满艺术地纠正学生学习中的"错误"，不仅锤炼了教师的专业知识和专业技能，更让学生在反复探讨过程中磨炼出不抛弃、不放弃、刨根到底的科研精神，这何尝又不是一种德育课程的再现呢？

学生分享处慢下来。课堂教学中，学生乐于参与集体的分享活动。分享自己的独到见解，不仅是课堂教学的及时反馈环节，也是培植学生自信心的绝好时机。当学生热情参与集体分享时，让课堂教学进程慢下来，会有不曾预约的精彩。

临近期末，笔者聆听了一节语文复习课。教师和学生分享了一篇内涵深刻的文章《人生的标点》。文章中的"我"希望自己的人生是一个句号，因为这样会圆满而充实。"我"身边的人却告诉"我"人生应该是逗号、冒号、引号、省略号。大屏幕上出现了美文中充满哲理的一段话：

"爷爷告诉我：孩子，人生应是一个引号，把经历中最刻骨铭心的片段'引'起来，藏在心底，让它成为回忆的瑰宝，前进的鞭策。我不禁想起了我的启蒙老师：是她牵着我走向人生大门，是她教会我如何做人。是她在我悲伤时给我心灵的安慰，在我失败时给我重振的勇气。我将这段记忆放在引号中，成为我心灵深处的宝石。"

对于这样一篇充满深邃哲理的文章，老师鼓励学生一连读了三遍。然后，逐一和学生分享了美文后面的习题。当所有内容都结束的时候，老师引领学生静心思考：你觉得人生还会是什么标点？当学生沉思片刻后，他们的思考呈现在了练习卷上。直到下课，我们一直在聆听着学生深刻的思考：

"我觉得人生应该是一个长长的破折号，不断地延伸向前，没有结束，努力绽放出自己的美丽。"

"人生还会是括号，把自己的不快乐，全都'括'起来，这样就会拥有快乐，忘记悲伤与痛苦地生活下去。"

"人生还会是感叹号，有时能发泄愤怒；有时能表达喜悦……能够表达出不同的心情，使人生更多姿多彩。"

"人生是顿号，因为人生会有许多挫折，需要你停下来勇敢地克服过去。"

"人生还会是括号，因为你可以把自己最珍爱的片段括起来，藏在心底。"

"我认为人生还会是问号，在生活中，你会遇到许多问题。多去问一问，多留意身边的点点滴滴，问号便成了人生最好的生活标点。"

"人生可以是分号，经过了童年，还是少年；经过了少年，还有青年；经过了青年，还有中年；经过了中年，还有老年。人生需要你分别去体会。"

当这堂课结束的时候，我们思考：一篇深邃的文章加上老师的轻轻点拨，引发了学生的深入思考，思考自己的人生。教学，需要慢下来；教学，更需要静下来。慢下来，静下来，给学生以静心思考、乐于分享的时间与空间。学生在品味，在反思，在自我教育。其实，学生的举止也在相互感染。这样的课堂，不正是我们追求的高效课堂吗？这样的内容，不正是我们追求的润物无声的德育课程吗？慢下来，体现了教师对学生的尊重；慢下来，正是教师让生动深刻的教学内容植入学生的记忆中。

教育学之父赫尔巴特曾说过："教学如果没有进行道德教育，就只是一种没有目的的手段；道德教育如果没有课堂教学，就是一种失去手段的目的。"由此可见，课堂教学中的德育渗透有其现实意义和重要性。

教育部长陈宝生在 2019 年全国教育工作会议上的讲话中曾指出，习近平总书记提出"五育并举""六个下功夫"，强调凡是不利于实现立德树人这个目标的做法都要坚决改过来。2019 年，要以凝聚人心、完善人格、开发人力、培育人才、造福人民为工作目标，朝着"改过来"的目标下功夫，重点针对长期以来疏于德、弱于体和美、缺于劳的问题，换脑筋、换思路、换办法，改环境、改途径、改习惯，让立德树人回归社会、回归家庭、回归生活，以新的方式推进立德树人工作，培养德智体美劳全面发展的社会主义建设者和接班人。

德育要朝着体系化努力。德智体美劳，德是第一位的，具有根本性、引领性作用。目前德育仍存在"软、浮、虚、乱、散"问题。"软"，说起来重要，做起来次要甚至不要；"浮"，看似活动多、场面大、热热闹闹，但入脑入心不够；"虚"，内容空泛，没扣住对准学生特点，没很好解决学生思想深处的问题；"乱"，家长、校外培训机构和一些社会组织观念有偏差、行为不规范，甚至追求私益忘了公益；"散"，政府、学校、社会各方面力量还不集中，合力还不够。

看来，无论是过去、现在，还是将来，德育永远是社会进步、学校发展的重中之重。

第二章

德育课程的理念描述

第一节　德育课程的形成

马克思关于人的全面发展学说指出："实现全面发展的唯一方法是教育与生产劳动相结合。"党的教育方针也明确指出"教育为社会主义现代化建设服务，为人民服务，与生产劳动和社会实践相结合，培养德智体美劳全面发展的社会主义建设者和接班人。"因此，促进学生全面发展，是人的全面发展理论所决定的。《国家中长期教育改革和发展规划纲要》中明确指出："新的课程改革要从单纯注重传授知识转变为引导学生学会学习、学会生存、学会做人。"

为此，我们在不断实践探索中逐渐形成了自己的学校德育工作总思路：在学校"发掘学生潜能，培育时代新人"的办学理念引领下，以指导学生"学会做人、学会学习、学会生活"为目标，实施"自主参与"德育模式，精心设计和开展综合性、主题性的校园文化活动，建构学校文化生命场，营造良好的校园氛围，不断提升学校文化的品质。

而我们的德育课程也紧紧围绕这一总体思路，以立德树人为根基，培养德智体美劳全面发展的社会主义建设者和接班人。

一、南开区咸阳路小学：从"润物细无声"的养成教育抓起

"习惯养成教育是学校常抓不懈、常抓常新的一项基础性工作。习惯养成教育的最佳时期是小学阶段，一旦学生养成良好习惯，将促进学生终身健康发展。"我在南开区咸阳路小学"奋战"了19年，一套成熟、完整的德育系统早已了然于胸。

在此期间，我提出的学校德育工作总体思路是：以指导学生"学会做人、学会学习、学会生活"为目标，以学习习惯为核心的一切行为规范养成教育为

基础,以爱国主义教育为核心,以思想政治教育、品德教育、法制教育、纪律教育、心理健康教育为重点,以丰富多彩的教育活动为载体,构建以学校教育为主体、以家庭教育为基础、以社会为依托的三结合教育网络,逐步实现以学校教育为辐射中心的社区教育模式。

德育工作中的着眼点是:充分发挥学生的积极性、主动性、创造性,使学生在近、小、实的喜闻乐见的教育活动中,在接触、认识社会过程中,得到自我教育、获得自我发展、学会自我管理,进而培养学生多种能力和创新精神。

具体做法:一是建设一支德高、业精、开拓、奉献的德育工作队伍;二是在学校、家庭、社会开展系列德育课程和实践活动,培养学生的能力,增长学生的才干。如在校内开展落实《小学生日常行为规范》主题教育活动,规范学生的一日行为;开展校园艺术节活动展示学生的才华;开展以迎香港、澳门回归为主题的爱国主义活动等。在家庭开展"我能行""做文明小公民"等活动,锻炼学生的生活能力。长年在社会建立了18个社会实践基地,如与天津市养老院开展的"让孤寡老人同享幸福"的主题教育活动,与滦南县大顾庄中心小学和天津市第二聋哑学校共同开展的"同在蓝天下成长"手拉手主题教育活动,使学生在认识、了解社会的同时,丰富了知识,锻炼了能力,体会到助人的喜悦,感受到社会主义制度的优越。三是优化校内外育人环境,使学生在优美、典雅、洁净的学校、家庭环境中健康成长。四是建立一整套比较科学的评估机制,确保德育工程落实到位。几年来,学校建立了《班主任量化评估标准》《咸阳路小学学生一日生活规范》《三 A 班集体评估标准》《班主任工作管理暂行规定》,以及学生定期参加社会实践制度、学生评估制度等一系列奖惩、约束机制,使学校德育管理走向科学化、法制化的轨道。

一系列德育课程,不仅让学生们成长成才,也让学校收获累累硕果:学校连年获区级落实小学生日常行为规范示范校、家长学校先进单位、市区级优秀少先队大队等多项荣誉称号;2002年,学校代表南开区迎接市德育督导团接受"落实德育规程"的检查;学校的教育活动40余次在各新闻媒体上报道。

二、五马路小学:让学生在"劳动教育"中成长成才

习近平总书记在全国教育大会上指出,培养什么人,是教育的首要问题,要培养德智体美劳全面发展的社会主义建设者和接班人,培养一代又一代拥护中国共产党领导和我国社会主义制度、立志为中国特色社会主义奋斗终身的有

用人才。"有用人才""时代新人"的一个重要特征，就是具备劳动的素质，能够弘扬劳动精神、崇尚劳动、懂得劳动最光荣，能够辛勤劳动、诚实劳动、创造性劳动。习近平总书记把劳动教育纳入社会主义建设者和接班人的要求之中，提出"德智体美劳"的总体要求，丰富发展了党的教育方针。

而南开区五马路小学从 1985 年开始，一直坚持开展劳动教育。学校自编劳动教育课程资源，进行小学生劳动课教学实验，增设劳技专用教室，建成 9 个劳技操作台，聘请劳动模范作为学校的校外劳技教师。

学校把每年五月份，定为校园劳动节，至今已 30 余届，为学生搭建了展示劳动才华的舞台。"十一五"期间承担了《构建家校和谐德育，培养学生劳动习惯》国家级科研课题，年年连续被评为全国德育科研先进单位。

2007 年，学校编写了德育校本课程《习惯养成教育读本及评价成长册》，其中劳动教育专设两个篇章，2009 年开始实施校本课程，逐步形成了"以劳辅德，以劳增智，以劳健体，以劳益美"的劳动教育特色。

长期的劳动教育科学研究和实践探索，积淀了较为丰厚的劳动教育文化，不仅为进一步加强劳动教育提供了有力的实践依据，而且为进一步研究、开发劳动教育系列校本课程，传承和创新劳动教育特色文化，建设有鲜明劳动教育特色的品牌学校奠定了厚实的基础。

多年的不断探索，让学校形成了劳动教育课程框架：依据新课程标准，编写本校劳动教育课程标准和纲要；编写劳动教育课程资源，自制劳动教育校本课程的课件光盘；编写劳动教育评价手册。此课程是融于学军、学农、学工、学科学等为一体的多功能综合性素质教育课程序列。课程内容主要包涵劳动技术素养、军事训练和社会考察实践等，充分发挥本校劳动教育优势，体现"教学生一天，想学生一生"的办学思想。学校也被评为"全国劳动教育先进校"。

三、中营小学：用"榜样教育"激励孩子砥砺前行

榜样教育一直是中营小学五十多年来一直坚持的德育课程特色。学校倡导用典型给学生做榜样，用身边的事教育身边的人，激励他们向积极的方向努力，逐步形成了"以雷锋精神育人，培养学生良好的行为习惯"的德育特色。

从 60 年代起，中营小学响应毛泽东等老一辈无产阶级革命家"向雷锋同志学习"的号召，先后开展了"做雷锋式的红领巾"主题教育活动。

70 年代，学校成立了"学雷锋小组""学雷锋小分队"，树立学雷锋典型，

推动学雷锋活动深入开展。

80年代，学校开展了"雷锋精神代代相传"主题活动。

90年代，学校开展了"学雷锋，比进步，争做好少年""同走雷锋路，共同做传人"等活动。

进入崭新的世纪，学校提出了"像雷锋叔叔那样，做了不起的中国人"。

2010年开始，学校开展了以"弘扬雷锋精神做勤朴敏健中营人"为主题开展活动。

在校内，学生们通过读书、演讲、主题班会、评比等活动放眼雷锋平凡而伟大的一生，挖掘一件件小事所蕴含的精神。同时，学生们还走出校园，以"我们是雷锋班预备役小战士"为主题，开展走进雷锋生前担任校外辅导员的抚顺雷锋小学、雷锋生前所在班——沈阳军区雷锋班，开展夏令营活动。在和雷锋班战士学习与交流中深刻感悟雷锋精神的内涵。

从2012年开始，学校以"远学雷锋精神，近学身边榜样"为主题，将雷锋精神教育序列化，在不同年级开展适合学生年龄特点的学雷锋活动，2013年将活动贯穿全年的始终，让雷锋精神教育始终伴随师生成长，每年都要评选出200名学雷锋小标兵，他们像雷锋叔叔那样勤奋学习，热爱劳动，勤俭节约，成为同学们身边的榜样。

近年来，学校又将"雷锋活动"与"学习人生楷模——周恩来活动"紧密结合起来，积极落实"心中有楷模身边有榜样"教育实践课程。表彰学雷锋、学楷模先进集体和师生个人，激励前行。参观周总理青年时期在津活动遗址，寻访其足迹；听、讲、看周总理故事，追忆其感人事迹；抄写周总理诗词、名言，感受其优秀品质；进行网上祭扫，激发学生"为中华之崛起而读书"的情怀。市文明办、文明网为学校授旗"热心公益服务社会惟宏隆德情系教育"。

一系列活动、一系列课程，引导学生们发扬雷锋的热爱集体、乐于助人和艰苦朴素的精神。学校用榜样的力量来培养学生们的好习惯、好品质。

第二节　德育课程的形成原因

党的十八大明确"立德树人"是教育的根本任务。"立德"强调培养学生践行社会主义核心价值观、培养学生良好德行、培养学生公民意识和社会责任；"树人"就是要强调培养全面发展、学有所长、踏实奋斗、意志坚定的建设者和接班人。所以，加强和改进未成年人思想道德建设，已成为关系国家前途和民族命运的希望工程，关系上亿家庭切身利益的最大的民心工程，是摆在我们面前的一项十分重要而紧迫的任务。

一直以来，学校没有停止德育课程探寻的脚步，从无到有，从有到优，充分体现学校全员、全程、全面育人的德育课程观。

一、以德立身其行也远

"学高为师，德高为范。"作为一名合格的校长，首先应该具备良好的德行。校长成为一名德才兼备的学校管理者，才能为师生的言行举止树标杆，催发群体的正能量，使学校的各项工作向着更好的方向发展。一次，我在与教师谈话时，发现她面带疲倦，提不起精神。当了解到她家中老人患了重症，自己既要工作，又要在医院陪伴老人时，我二话没说，主动承担这位教师的一半课时量，并多次到医院看望老人。像这样的例子，还有很多。无论哪位教师家中有困难，我要第一个出现在教师面前。"靠制度管人，越管越死。制度建设是有形的，而人文关怀是无形的，只有将有形与无形相结合，才能调动教师的积极性。教师拥有幸福感，最终受益的是学生。"笔者认为，德育课程建设的根本在教师，而自己一定要成为教师们的典范。

二、以艺养德发展特长

艺术教育是素质教育不可或缺的重要内容，对中小学生提高审美修养、丰富精神世界、培养创新意识，促进全面发展具有其他教育学科所不可替代的作用。调到南开区五马路小学当校长后，给了他更大的施展舞台。五马路小学始终坚持"让学生在艺术的氛围中欣赏美、感受美、理解美、追求美，进而创造美，培养高尚的道德情操、高雅的审美意识、能动的创新思维"的总体思路。学校根据学生的个性特长爱好，聘请校内外艺术教师，坚持定期开展舞蹈、长笛、合唱、鼓号队等10余项艺术社团活动，让学生充分享受艺术带来的快乐；每年举办艺术节，成为学生展示艺术成果的大舞台；每年用万余元奖励艺术教师、支付艺术活动费用、改善艺术教育设备等。2007年9月，学校承办了"天津市音乐课堂教学展示"活动，并取得圆满成功。

笔者调入天津市南开区中营小学主持工作以来，仍然大力发展学校艺术教育，鼓励师生参加各级各类艺术比赛。近年来，学校各艺术社团参加市区级比赛取得优异成绩。舞蹈《凉台争艳》《爱尼小姑娘》《天津大鸭梨》《喜庆秧歌》《童年的梦》等在市、区级比赛中均获一等奖，特别是400人大型集体舞《圣洁》在全国体育教学研讨会、市优秀体育课展示会、区体育文化艺术节开幕式上演出。学校培养了众多艺术特长生，有的在全国、市、区各类艺术大赛中获奖。

学校用丰富多彩的文化艺术活动，不仅让学生们在耳濡目染中得到美的熏陶，提升了文化品位和艺术修养，更让学生们在艺术教育中懂得了真、善、美，实现个性化和多样化发展。

三、以劳辅德自立自强

现在的孩子，可谓是用蜜水泡大的，家庭生活条件的优越，现代化程度的提高，反而使他们的劳动意识变得淡薄。所以，学校必须重视培养学生良好的劳动习惯。

学校秉承几十年形成的"以劳辅德、以劳增智、以劳促艺、以劳健体、以劳益美"的劳动教育特色，每年举办一次校园劳动节活动，为学生搭建展示才华的舞台。那高超的劳动技艺让人赞不绝口，学校也因此被评为"全国劳动教育特色学校"。特别是，学校创建了"小手拉大手，我们一起走"的互帮互助的校内劳动基地、"与父母共建美好家园"的家庭劳动基地和"同在蓝天下，共享幸福"的社会劳动基地。先后开展了以"学习惯、促养成，创文明班级，做文明学生"为主题的系列教育活动；形成了以"热爱劳动为荣，好逸恶劳为耻"的氛围；在一次次劳动中同学们的社会责任感被悄然唤醒。

很多家长来校反映孩子在家中的可喜变化，其中一位爷爷给学校来信，信中提到："小孙女的变化令全家惊喜，孩子主动写作业、叠被、收拾碗筷、洗漱自理。看到孩子可喜的变化，我们高兴极了。学校从小培养他们爱劳动，为他们今后自食其力的生活打下了基础，实在是好啊。"劳动习惯的培养使学生提高了自主参与劳动的自觉性，促进了学生全面发展。

四、习惯养成打下根基

习惯养成教育是学校常抓不懈、常抓常新的一项基础性工作。习惯养成教育的最佳时期是小学阶段，一旦学生养成良好习惯，将促进学生终身健康发展。学校深入开展了市"十一五"规划课题《培养小学生良好学习习惯构建自主课堂的实验与研究》的研究，以指导学生利用预习成果上课为突破口，以指导学生学会预习、上课、复习、做作业和课外阅读为着力点，以课堂教学为主渠道，提高课堂教学的有效性，减轻学生过重的课业负担。课堂上"问题让学生提；思路让学生想；评价让学生说；答案让学生讲；主角让学生当；快乐让学生尝"，千方百计促进学生真正成为课堂学习的主人。

学校还组织教职员工学习《教育就是培养习惯》一书，树立了"教学生一天，想学生一生"的主体教育思想，增强全员育人的意识和责任，提高自身的教育能力；在"用心做教育，创新育好人"的工作要求下，研究制定了《学生良好学习习惯的细则》，出版了《五马路小学习惯养成教育读本》及《习惯评价成长册》，并作为校本课程进行认真实施；按照"讲、树、做、展、评"五环节培养学生良好习惯；举办以"教育就要培养习惯"为主题的家长学校，提高家长科学管理学生的水平和能力，加强家校教育的沟通，实现学校与家庭教育的合力。

在中营小学期间，学校以《教育就要培养习惯》为题向全体家长做系列培训，向家长传播科学的育儿理念和方法，落实以班主任为核心的教育集体管理班级的机制，以形成班级管理的合力；制作学生在校一日生活习惯系列课程资源组织全体教师、学生及家长共同学习，以达成习惯养成教育统一标准要求。

不断摸索、不断挖掘、不断改进、不断完善……一系列德育课程的探索，让学校、让师生有了诸多变化。正是因为学校在德育工作中选准了着力点，才有了今天的成绩。学校充分发挥了学生的积极性、主动性、创造性，使学生在近、小、实的喜闻乐见的教育活动中，在接触、认识社会过程中，得到自我教育、获得自我发展、学会自我管理，进而培养了学生多种能力。

第二章 德育课程产生、发展和完善的过程

第一节　德育课程在教育教学管理实践过程中产生

　　德育课程是对学生实施思想影响、陶冶情操的一种重要教育途径和方式。德育课程的形成有着渐进性和阶段性。德育课程教学的质量直接影响人才培养的素质。

　　学校在继承传统教育理念的基础上，结合新形势对教育的要求，确立了承"勤、朴、敏、健"之校训，秉"求真至善"之校风，袭"严谨善导"之教风，兴"勤学多思"之学风；立"发掘学生潜能，培育时代新人"之办学思想，扬"虚心志坚，胸怀高远"之学校精神，并进一步明确了以"唤醒、激励、关爱、服务"为管理理念，以"让每一位学生健康、全面、个性发展"为育人目标的基本办学思路。坚持以全面落实国家和地方课程、开齐课程、开足课时为重点，以实现学生全面发展、健康成长为目标，实施学校课程文化建设，回归原点，探索"勤朴教育"课程，并取得了可喜成绩。

一、"勤朴教育"课程建设取得的初步成效

　　（一）寻找到了"勤朴教育"课程建设的理论基础

　　学校以课程论、学习论和建构主义等现代教育理论为支撑，构建了"勤朴"德育课程框架。

　　（二）寻找到了"勤朴教育"课程建设的实践根基

　　学校从20世纪80年代进行"导学式"教学法的研究到"十二五"和"十三五"期间进行"导学式"教学模式的研究，从"导学式"教学模式的研究到近年来进行的"勤朴教育"课程的研究，现在正在把"勤朴教育"课程的研究推向"勤

朴教育"的研究。在如此研究过程中，"导学式"教学法是我们实践的基础。

（三）"勤朴教育"课程建设的过程是学校文化建设的过程

广大教师的敬业精神、钻研精神、创新精神进一步增强，专业素质得到进一步提升；学生自主学习、自主探究、自主合作的意识不断增强；家长参与学校课程建设的积极性不断增强。

（四）学生的综合素质得到进一步提升

学生在各类课程学习过程中，不仅学到了知识、养成了习惯、掌握了方法、提高了能力，还增长了见识、锻炼了意志品质、培养了团队合作精神、张扬了个性，更感受到了幸福和快乐。学生在国际、国内、市区举办的体育、艺术、科技、文艺比赛中捷报频传。

（五）学校与社会各界的合作更加紧密

在课程文化建设过程中，学校与社区、家长和社会各界的联系更加紧密，既得到社会的广泛支持，又进一步扩大了学校的社会影响力。

二、"勤朴教育"课程建设过程中遇到的问题

在"勤朴教育"课程文化建设过程中，我们既看到了所取得的成效，也发现了存在的问题。

（一）思想认识参差不齐

"教育即课程"的理念在有些干部教师甚至家长的头脑中还没有形成，有的干部认为课程建设只是教育教学部门的事情，与己无关；有的教师认为只要上好课、批阅好作业就行了，开发学科课程的积极性不高；有的家长过于关注孩子语、数、外三科的学业成绩（家长自发地把学生综合评价中的学业成绩进行排名），不关心孩子其他方面的发展等等。

（二）课程开发种类不均衡

学校开发的课程中大部分是教育实践类和学科实践类课程（依托素质拓展），而与学科密切相关的探究类课程开发的数量较少。因为这一类课程的开发，更需要教师具备开发课程的洞察力、广博的学科知识、厚重的专业素养和指导调控学生进行探究学习的能力。由此，深刻感到，我们教师队伍的专业素养亟待提升。

（三）专业人才的短缺

随着各类课程的开发，特别是传统文化类课程（如戏曲）的开发与实施需

要非常专业的人才。

三、"勤朴教育"课程建设深入开展的思考

为了深入"勤朴教育"课程建设与实施，学校将做好如下几方面工作。

（一）加强理论学习，提高认识水平

我们将采取理论自学与专家讲学相结合的方式，开展课程建设与实施相关理论学习、研讨、论坛等活动，提高广大干部教师对于课程的理解和认识水平，牢固树立"教育即课程"的理念。加强课程建设与实施的校本教研和校本培训，召开多层面经验交流会，推广课程开发与实践的成功经验和有效方法，激发广大教师开发课程、落实课程的积极性、主动性和创造性。

（二）组成合作团队，开发探究课程

充分发挥名优教师、领航教师的辐射引领作用，以他们为核心，以年级或学科为单位，组建老、中、青三代教师共同参与合作团队。每个团队人数不超过8人，由名优教师或领航教师任组长，组内成员有明确分工，有所开发课程的主题、课程目标分析、课程内容组织、课程制作标准、课程实施方案、教学设计方案、课程资源制作脚本及课程实施成果的展示与评价等方面。

（三）采取多种方式，提高师资水平

一是通过自培的方式，提高教师的专业化水平，提高教师进行课程开发与实施的能力。二是通过走出去的方式，鼓励、支持教师到先进地区和学校学习课程开发与实施的经验。三是引进专业人才弥补学校师资的不足。积极和区内体育局、文化局、社会团体、大学等相关部门密切合作，引进师资为学校的课程建设、为学生的全面发展服务；充分挖掘家长的特长和潜能，引进家长资源进行课程的开发与实施。在引进资源的同时，还要及时发现校内教师的特长爱好，由这些教师参与到课程建设过程中，同时接受相关课程的专业培训。

（四）展示课程成果，纳入绩效考核

学校经常开展课程建设过程中的成果展示活动，由教师合作团队与学生一起汇报成功经验，进行课程实施过程中的课堂教学展示，学生探究过程中的成果汇报会，开展优秀课程评比，表彰在学校课程建设过程中的优秀师生等，并将表彰结果记入学校绩效考核。

第二节 德育课程在学习、进修、专家引领的过程中成形

课程意识是课程论研究者比较关心的一个问题，然而关于什么是课程意识，众说纷纭。笔者认为，课程意识是教师对学科的一种系统认识，是教师的"教学哲学"。具有课程意识的教师往往会以自己对学科的独特理解为基础，从目标、课程、教学、评价等维度来整体规划教育活动和行为方式，从而成为课程的建设者。在长期的教育教学实践中，学校基于学校特色文化，升华构建德育课程意识，并形成了关于德育课程建设的四种意识。

一、德育课程的问题意识

在学习、进修和专家引领中，笔者不断提升自己对办学中若干问题的关注与思考。诸如，有的同行和专家提出："学校的治学思想及校长如何实现教学思想引领？""您是怎样提升教学领导力，带领教师开展教学改革的？""在培训中，您获得了哪些指导教学实践的提升和帮助？""请谈谈您的教育理想。"

渐渐地，笔者形成了这样的认识：一是靠校长自身善于学习、勤于研究、务实工作的精神状态和工作作风带领教师开展教学改革；二是靠教育科研课题的引领带领教师开展教学改革；三是靠专家和典型的引领带领教师开展教学改革；四是靠日常教学管理带领教师开展教学改革。

中营小学的治学思想是"严谨善导"。实现教学思想引领的主要方法或渠道有：一是通过教育宣传，使全体教职工人人皆知、人人理解内涵、形成共识；二是通过创设"严谨善导"的学校文化引领教师的言行；三是通过典型的示范引领学校的发展；四是通过现代化的学校管理引领教师发展。

参加培训的过程，令笔者受益匪浅，特别是在指导教学实践方面的提升和帮助更大。首先，提升了自身的教育理论水平和认识水平；其次，提升了自身的教育科学研究的能力和水平；再次，提升了自身教学管理的能力和水平；最后，结识了诸多教育专家和教育同仁在学习与交流中拓宽自己的视界。

青年教师的专业发展要有所成就，就要在热爱教育事业、热爱学生的大前提下，坚持以下几点。一是终身学习。通过学习提高自身的理论修养，汲取先进的教育经验。二是务实工作。扎扎实实地做好每天的教育教学工作，教好每一名学生，并不断地积累工作中的得与失。三是勇于创新。要积极投身教育科学研究，把日常工作中的各类问题作为自己的研究对象，在破解问题的实践中，提高自身的教育科研能力和水平。

笔者的教育理想就是教育好每一名学生，发展好每一位教师，实现学校的整体发展和特色发展。

二、德育课程的目标意识

关于目标意识，在这里，要明晰两个概念：一是德育课程的教学目标；二是德育课程的目标教学。通常，在制定德育课程的目标时，要首先明确培养目标是什么，要求学生具备怎样的基本素质，包括思想、情感、态度、技能、知识等；其次是先修与后续内容的教育目标及主要活动内容；最后以此为根据，确定德育课程的教育目标，设计德育活动内容。这样，所定课程目标就比较科学和可行。

强化目标意识的另一个关键是实行目标教学，即将课程目标分解落实到各阶段、各活动和各课时的教学中去。我们知道，教学目标愈笼统、宽泛，教师课堂教学的主观随意性就愈大，对其教学评价也就愈缺乏客观标准，学生作为"不知"或"少知"者，常常是盲目地跟随教师，主动性难以充分发挥。而实行目标教学将有效地帮助师生实现德育课程教育目标。教师为实现目标而教，学生为达到目标而学。

三、德育课程的资源意识

课程资源通常是指一切有利于实现课程目标的各种因素，是课程实施的前提和基础。如果课程在实施时没有考虑所需的资源，而且没有必要的资源，学校、教师和学生就会处于要求得不到满足的尴尬境地。同时，课程资源的丰富程度以及对课程资源的开发和运用水平也决定了课程实施的范围、水平以及实施效果。

通常，课程资源包括隐性课程资源和显性课程资源。教师能直接获取并为课程所用的，诸如教学仪器、设备应属于显性课程资源。在这里，笔者强调的是，隐性课程资源。隐性课程资源的建设主体是人，即教育工作者（主要是教师）。在德育课程资源中，应发挥教师的主动性，鼓励教师不断挖掘德育课程资源。有学者认为，从某种意义上讲，现实社会中所存在的一切资源都属于隐性课程资源的范畴。特别是在德育课程建设中，可以聘请能够胜任德育课程的地方党政干部、退休公务员、社科理论专家、爱国主义教育基地负责同志以及各行业先进模范、英雄人物等担任德育课程资源的开发者。

四、德育课程的生成意识

实际上，教学过程本身也是一种课程开发，因此要着力于预设，着眼于生成。在开放式无结构的育人环境下，学生不仅仅只是教育的对象，同时也是促进其自身发展的一种资源。首先，要善于树立生成意识。教师必须用动态生成的观念来调控，提高直觉灵感思维能力，随时准备适应可能出现的种种"意外情况"，以渴望的心态来期待非预期性的出现。其次，要善于增强捕捉能力。僵化的思维使很多教师失去了把握非预期性因素的能力，这样，非预期性因素中活跃的生命力便会被断送，生成性资源便会被扼杀。最后，要善于筛选有用资源。不是所有的非预期性因素都具有开发和利用价值，我们必须借助筛选机制进行过滤。

教师应该充分了解学生的学习风格、已有经验、兴趣爱好和学习资源，从而大致推测、整体估计非预期性因素可能产生的环节、时机。在一次次刻苦钻研、细致观察、换位体验和细小环节的临机处理中，提高直觉灵感思维品质，建立捕捉新课程资源的超链接，培养敏锐地捕捉生成性课程资源的意识和能力。

总之，课程建设是我们学校建设的核心工程，课程建设永远在路上，需要我们研究和探索的东西很多很多。我们将始终在学校办学理念的指引下，为了实现师生的全面发展、健康成长，以只争朝夕的精神不断推进学校课程文化建设。

第三节　德育课程的形成和发展阶段

一、问道诊断：在碰撞中升华

根据"国培计划"中小学名师名校长领航班江苏基地培养方案的要求，为了进一步提升名校长办学实践能力和学校高品质发展，2019 年 3 月 25 日，江苏教育行政干部培训中心名校长导师团队与 8 位名校长，走进了天津市南开区中营小学进行诊断调研。

本次学校诊断调研活动分为七个环节：考察中营小学学校办学实践环境；听取德育、教学课程建设的实践情况；与中营小学干部、教师、学生面对面交流；华联名校长工作室授牌仪式；学生素质拓展展示；对学校办学实践进行诊断调研反馈；对名校长工作室三年发展规划论证。

江苏教育行政干部培训中心、江苏省教师培训中心常务副主任严华银教授与 8 位名校长走进中营园，感受"百年中营，严谨善导"的浓浓校园氛围。

江苏教育行政干部培训中心导师团队与名校长和南开区教育局的领导们倾听了中营小学孙宏玲副校长题为《构建"导学教育"德育课程，落实立德树人根本任务》和付文琦主任题为《构建"导学教育"课程体系，促进师生全面发展》的汇报，共同感受到了"巍巍南开，浩浩中营"，历经 113 年的发展，中营小学已铸就了"以德治校、严谨治学、厚师重能、人才辈出"的中营学校文化。

江苏教育行政干部培训中心导师团队与名校长同中营小学的干部、教师、同学进行面对面交流，切身感受"导学教育"课程的实施在全校师生中取得的成效，结出的硕果。

"紫藤花开，白玉满园"，3 月 25 日下午，"华联校长工作室授牌仪式"在中营小学健身馆准时召开。大会由江苏省教师培训中心、江苏教育行政干部培训中心合作交流部主任回俊松博士主持。由江苏省师干训中心常务副主任严华银教授和天津市教委副主任刘欣为"华联名校长工作室"授牌。授牌仪式结束后，与会领导、专家、同仁共同观看了中营小学学生素质拓展活动。无论是体育馆内的健美操、箱鼓、京韵大鼓、民乐小合奏、合唱队、舞蹈表演，还是操场上的足、篮、排、棒、垒球和田径等运动项目的展示，这些丰富多彩的课外文体活动，为孩子们提供了展示的舞台。学校不断加强课程建设，拓展建设渠道，开辟课程实施的场所，彰显了中营园深厚的文化底蕴和课程建设的深度与广度。

3月26日上午，江苏教育行政干部培训中心、江苏省教师培训中心常务副主任严华银教授等专家和名校长们对中营小学办学实践活动进行诊断反馈。6位名校长一致感到中营小学课程丰富多彩，已形成"导学教育"课程体系，活动落地，学校课程建设落实到位，有实践积淀，受到了师生的欢迎，取得了一定成效。领导、专家们感受到中营小学有丰厚的历史积淀，有丰实的领导管理，有丰富的学校生活，有丰硕的办学成果，相当厚重、相当朴实、相当温馨、相当静谧。专家们建议中营小学在课程建设理念方面需要更加科学的表达；学校文化建设需要进一步澄清，如何突出特色；课程体系建设需要更加系统；教育信息化与学校整体工作要深度融合。

华联校长在名校长工作室三年发展规划论证会上介绍："工作室首批选择的十位优秀校长来自本市3个区，下一步，我们以办好每一所老百姓家门口的优质学校为目标，每一位工作室成员校长将与本区校长结成对子，通过影子培训、定期交流等方式，促进更多学校共同发展，让更多孩子得到更好的教育。"

二、制定目标：规划引领发展

通过认真分析，在基地聘请专家、教授的帮助下，笔者进行了清晰规划，并按照预定方案逐步落实。笔者一方面制定了教育部第二期中小学名校长领航班个人三年发展规划，另一方面思考了德育课程体系的未来发展趋势。

（一）自我发展状况分析

1. 优势

专业优势：笔者从事多年数学教学工作，形成"指导自学、自主学习"的教学风格，有10余节课获奖，所指导的40余名青年教师在天津市、南开区优质大赛中获取优异成绩，至今仍然坚持深入课堂指导教学工作，带领教师进行课堂教学改革实践，发表论文 20 余篇。笔者曾任天津市小学数学专业委员会副理事长，现任天津师范大学小学教育学院硕士研究生指导教师。

管理优势：笔者担任一把校长 17 年（其中：在本地一所西部学校任校长 3 年，在本地一所较大规模学校任校长 6 年，现在这所历史名校任校长已满 8 年），致力于学校文化建设和课程改革，所承担的天津市"十二五"规划课题获得 A 级鉴定成果，承担的天津市教育学会"十二五"规划课题已经结题，现承担的天津市"十三五"规划课题正在研究过程中。学校获得荣誉共计 300 余项，办学水平日益提升，成为高品质的国办小学，赢得老百姓的好口碑。个人也因此荣获南开区"名校长"称号，被评为"高级校长"。学校作为国家级校长培训基地，每年有很多接待任务，有机会与全国各地的教育同仁相互学习切磋。

个人潜质：对教育执着、充满激情；对新鲜事物敏感、喜欢探究；有坚定的个人信念，对追求真理有极大的热情，善于思辨；对哲学、艺术、体育等方面有广泛的兴趣。在管理中思考问题和解决问题一般愿意先倾听他人的意见和建设，并把建议转化为个人的决策，集体决定的事情就会坚持做到底。

2. 劣势

客观方面：每天被各种会议活动和上级指派的工作围绕，时间经常被打断，内容也常常被异化，高速运转和碎片化思考成为工作的常态，学校管理所涉及的更多的是点状或片状。

主观方面：因为工作压力和对工作追求完美，所以经常感到身心疲惫，时间长了便会松懈学习和反思，对目标和未来没有清晰的规划。同时，会有一些不良情绪左右自己，对事对人的好恶直接言表。对学校工作缺乏宏观的思考与规划，缺乏理论功底和科研能力。

专业发展：小学数学和学校管理领域还有很多值得研究的主题，如"互联网＋"的背景下学生的学习方式、学校德育等，有很多想法，但是没有付诸行动。

3. 挑战与机遇

挑战：社会已经进入"互联网＋"和"人工智能"时代，我们学校的办学模式、课程设置、教师教学方式要适应时代发展，要满足学生的学习需求，学校要成为师生围绕学习过程中出现的问题进行相互争鸣，这就需要我们的学校模仿社会生活构建一个虚拟的社会，把学校变成具有真正意义上的家长向往的平台。

机遇：学校具有 110 余年的发展历史，拥有比较厚重的传统文化。学校传统文化与现代文化有机融合，并形成引领学校发展的核心价值观，进而成为学校的共同愿景和办学目标。参加中小学名校长领航班，让自己在系统论、方法论和哲学观上有进一步提升，能对各种事实进行辨证、系统的科学分析，分清主要矛盾和次要矛盾，提炼出更具深层次、触及本质问题的判断，从而走出困境。更重要的是厘清办学思想和新的办学目标，向教育家型校长迈进。

（二）自我发展目标确定

1. 总目标

在导师的指导下，凝练自己的办学思想，厘清并构建学校办学体系。建立领航校长工作室，促进学员所在学校的教育改革，同时在天津市发挥辐射作用。

2. 年度目标

第一年：对自己的办学经验进行反省与思辨，厘清"强基铸魂教育"（暂定）的内涵与外延。成立领航校长工作室，建章立制，进行多种形式的读书沙龙等活动，养成学习思辨的习惯。梳理"强项铸魂课程"（暂定）体系。第二年：推进并完善"强基铸魂课程"改革，为区域课程建设提供样板；推进领航校长工作室建设，走进学员学校进行教育诊断，举办各类展示活动；架构"强基铸魂教育"的研究路径与操作方法，尝试在学员学校推广相关理念。第三年：总结提炼领航校长工作室的经验成果，举办校长论坛，传播办学思想。完成著作撰写，出版相关专著。

（三）自我发展路径分析

第一年：根据自身专业发展状况，明确今后发展方向，进行自我剖析，找准提升方向，制定个人三年规划。向导师和同学汇报规划方案，经研讨指导修改完善后报备，签订责任书。根据"自我发展总体状况分析"情况进行梳理诊断，在导师指导下提炼并选定适切的研究课题和专著选题，形成研究和撰写大纲方案。根据《"走近教育家"分类阅读活动指导计划》的要求，精读、研读教育学、管理学、哲学、中外教育家典籍著作。聘请基地专家莅临学校分析、诊断学校的各项工作，梳理学校的办学思想，规划学校的发展。筹建"名校长工作室"，遴选工作室成员，在导师的指导下，制定工作室建设方案和规章制度，明确工作室培养目标、任务、人员分工、研究进度等。开展教育改革实验，探索并完善"强基铸魂"课程体系建设。分年级探索影响孩子成长的最重要的好习惯，制定各年级学生习惯养成教育阶段目标。充分发挥学校教研团队的力量，推进学校"十三五"课程实践研究，聘请专家开展实证性论证。

第二年：在专家指导下，研制年度研究计划，明确培养任务，制定名校长工作室培养过程中跟岗学习、学校诊断等实施方案。通过高端讲座、高端论坛，与大师对话，导师指导、自主研修，走进理论前沿，进一步明晰以人为本的教育思想，促进师生全面发展的主张，至少在本市范围内作办学思想专题报告1次。精读、研读教育学、管理学、哲学、中外教育家典籍著作。全面推进"导学式"教学模式的实践研究和"强基铸魂"课程建设，为撰写《"强基铸魂"课程建设实践研究》收集、整理素材。工作室研修共同体开展研修学习，让学员感受与领悟笔者的管理思想；开展现场诊断，指导入室学员凝练办学思想，改进办学实践，形成研究成果。建立名校长工作室网页、微信公众平台、QQ群等，为全国各地的校长提供学习、交流和对话的平台。积极参与有关学术交流活动，在理论研习、创新实践的基础上，对自己的教育思考与实践进行总结，积极回应教育问题，在国内权威教育报刊发出正能量的教育家声音，引导社会舆论和教育发展。

第三年：继续精读、研读教育学、管理学、哲学、中外教育家典籍著作。继续开展名师工作室活动，通过个人成长带动团队发展，实现个人与团体的长足发展。进一步做好学校的全面发展规划，提升办学理念，打造管理水平更高的领导团队，通过专业团队的集体努力，实现市内知名的发展目标。在专家、导师的集中指导下，形成个人研修成果、工作室建设成果、课题研究成果和争取出专著。展示体现教育思想、创新实践及学校办学等方面的成效。举办1—2次教育思想报告会，展示教育思想和办学成果；进行巡回讲学，传播教育思想，区域内教育共同发展进步。

三、研讨反思：在实践中成长

笔者参加国培计划——第二期名校长领航班江苏基地的学习与培训已经一年了。在这一年里，我们在江苏基地的带领下，聆听导师们对自己个人三年发展规划的指导与论证；走进全国教育改革先进地区南通与扬州进行学习考察；与理论导师、实践导师和教育大家——李吉林老师进行面对面交流，聆听他们的教诲；走进13所学校进行诊断调研，学习兄弟学校先进的办学经验；与全国名校长进行办学思想和办学实践的交流与研讨，不断开拓我们的视野；同学之间相互交流、相互学习、共同提高；我们每个人不断学习教育理论，与理论导师面对面交流学习体会，不断提升我们的思想内涵。总之，一年内丰富多彩、形式多样的学习培训感受多多、收获多多，用千言万语也难以表达内心的激动与感激。

1. 丰富的教育内容，激励我立德

江苏基地高端的顶层培训，激励我立德。从国培计划——第二批名校长领航班的开学典礼，到笔者被江苏基地录取后参加第一次集中会议，从江苏基地开班仪式到我们一年来参加的每一次集中培训，从江苏基地第一批领航班培训成果到我们一年来参加培训的收获，从对江苏基地培训的整体规划设计到为每一名学员安排有个性的理论和实践导师，无不使我深深感受到江苏基地在严华银教授带领下的团队对教育的执着追求，对国培的高端设计，对每一位学员的真心指导。特别是在每次培训活动中，严华银教授精彩的点评，既有理性思考又耐人寻味，既有理论的指导又有实践意义，既有严谨的表达又不失奇言妙语，让我感受到他对教育、对我们学员的至真、至情、至爱。季春梅主任看似严厉而不失关怀与期待的眼神，让我感受到她对教育工作和对每一位学员的火热与激情。回俊松博士作为我们的班主任，每次活动前的安排、活动中对大家无微不至的照顾和活动后的总结，无不体现出他对此项工作的热爱。他们对教育的执着追求和无限热爱，激励我不断地向他们学习，努力做好每天的各项工作，认真地参加每一次的学习培训，积极完成各项学习研讨任务。

导师们严谨的治学、治校精神，激励我立德。一年来，我们走近理论导师吴康宁、李政涛、彭钢、张西平等教授，聆听他们对教育的理解，拜读他们的书籍，与他们面对面地进行读书交流，深刻感受到这些理论专家对教育的深刻感悟、对教育改革的积极投入与引领、对改造教育中的顽疾与弊端的关切与努力以及他们对中华民族教育的腾飞充满坚定的自信与自豪。我们的实践导师先进的办学思想和办学成果，也激励着我不断地努力学习教育理论，不断地思考与反思办学实践中的问题，并按照党的教育方针、教育规律和学生身心发展规律，不断地探索教育实践。最让我敬佩的是著名教育家李吉林老先生，"在一所学校、一个身份、做一件事情"。一位80岁的老人用了将近两个小时的时间，给我们讲述她从教62年的教育故事，讲述她从情景教学到情景教育的改革历程，讲述她对学校、对工作、对学生的热爱之情，无不浸润着这位教育家热爱教育事业、热爱学生，用毕生精力为教育献身的家国情怀。另外，吴康宁教授在《重新发现教师》一书提到的斯霞、李政涛教授在《倾听着的教育》一书中多次提及的叶澜先生，都是中华人民共和国成立以来著名的教育家，他们用自己的言行诠释着作为一名教师的誓言——立德树人。

名校长们身上的优秀品质，激励我立德。一年来，我与来自全国各地的名校长一起学习交流，特别是和伙伴们一起研讨学习，他们身上的优秀品质和对办学高品质的追求，对师生的关切与关爱，激励着我不断前行；与他们的交往、交流中，使我不断增强自信，重新认识自我、重新认识自己的学校，更加自觉和主动地规划学校的发展、梳理自己的办学思想，努力创办"让学生昂首直立的学校"。

2. 深邃的教育思想，鼓励我立言

当我每每捧起一本本理论导师的专著细细品读之后，他们对生活、对教育本身、对一切事物敏锐的观察力和洞察力，他们直面各类问题的反思力和批判力，他们对各类事物多角度的思维力和严谨的逻辑表达力等，无不让我佩服甚至折服。实践导师们每每谈及自己的小学思想、办学实践、办学成果时，清晰的办学思想、先进的办学经验、严谨的语言表述和丰硕的办学成果，令我赞叹不已。因此，我努力把握每一次研讨交流机会，在认真倾听他们发言的同时，汲取他人的优点，不断梳理自己的思路，尽最大能力提高自己的发言水平。努力把握每一次做作业的机会，认真理解每一天的学习收获，学习导师和同学们的优点，尽最大努力把自己的学习收获表达清晰完整。努力把握每一次对外交流的机会，把每一次集中培训学到的经验、体会和收获，丰富和完善自己的办学实践，积极地向来访的教育同人介绍自己的办学思想和办学实践。一年来，我接待来自美国、英国和国内教育学访团 10 余次，努力把握各种机遇向社会媒体宣传自己的办学思想和办学实践，宣传自己的学校。一年来，笔者和所在学校多次接受《中国教育报》《天津教育报》和天津电台媒体采访，多次在全国、市区交流办学实践。

3. 先进的办学成果，鞭策我立行

通过一年的学习培训，我们在江苏基地的引领下，走进了全国 13 所名校进行学习诊断调研，每一所学校都有自己独特的办学特色，取得了突出的办学成效。每一次学习后，我都会认真品味每一所学校的办学经验和特色，结合自己的办学进行较为深入的思考，向班子集体和全体老师汇报交流自己的学习收获和学习感悟，并将一些可行的经验与做法融入自己的办学实践中。一年来我参加了三次论坛，受益匪浅。就拿刚刚结束的"全国高品质学校与课程建设"

研讨会，晏婴小学的课程改革经验、金凤三小的"说学教育"课程建设、铁岭市昌图县实验小学的"心智教育"课程建设、三亚市三小的"小水滴"课程建设，给我们学校的课程建设与实践以很大的启发，我将会把他们的成功经验与自己学校课程建设与实践紧密结合起来，提高学校课程建设与实践的品位与特色。

通过发展规划，不断论证学校德育课程。

四、读书学习：用理论武装头脑

（一）领悟什么是教育

今天，笔者就研读美国教育家菲利普·杰克森的著作《什么是教育》一书与大家交流读书体会。听到这个书名，相信大家和我的感受相似，这个题目很大。什么是真正的、真实的教育？对教育本质的追问，是一个亘古常新的话题。人们普遍认为：教育是一种人类道德、科学、技术、知识储备、精神境界的传承和提升行为的过程，也是人类文明的传递。然而，当我们仔细思索，就会发现我们所给出的一些常见定义，很难涵盖教育的全部。当我们追问"教育的真谛到底是什么"时，恐怕很难可以真正说清楚或说得全面。而对此话题的论述又会由于不同的社会背景和政治背景有不同的观点；也会随着社会、历史的变迁而不断地发展。

就这个问题，我和学校里的老师做了一番交流。有的老师认为，教育就是教好课、带好班，具体表现为备课、上课、批改作业、管理学生、参加教研活动等。各位校长同人，其实作为一所学校的管理者，我们平时关注更多的是学校的日常工作，我们思考更多的是"什么样的教育是有效的？"换言之，我们更加重视具体的做法和途径。教育中，我们采用的大多数方法，都遵循严格的经验轨迹，旨在找到实用的解决方案。也就是说，有一种"试错"的意味：前人实验过哪种方法有用，我们就采取哪种方法；没有用，就换一种。至于为什么有效？我们很少关注。身处这个快节奏的时代，终日的忙碌使我们无暇思考教育的本质。

作者菲利普·杰克森认为，作为教育者，我们需要了解的不仅仅是如何提高目前的实践做法，而且要思考教育究竟意味着什么——简而言之，我们要不断地从根本上反思教育。《什么是教育》这本书，阐述的就是深刻的教育哲学思想。虽然"哲学"二字听起来有门槛，但其实这本书并不难读。今天，就让我们沿着作者的思考脉络，尝试对教育的本质进行一次深刻的凝视，探究到底什么才是教育。

1. 作者其人

严华银教授在我们的第一次读书活动中指出，读书一定要了解、研究作者的背景。所以首先，我们来了解一下作者其人。

菲利普·W.杰克森出生于1928年，是美国最著名的教育家之一，曾获戴维·李·西林杰出贡献奖。他发表过诸多著作，包括《课堂中的生活》《教学方法与传统》《约翰·杜威与哲学家的任务》等，被称为"继杜威之后世界最伟大的教育学研究者"。

对于"继杜威之后"这个限定语，我们再多做一些拓展了解。谈到杰克森，就必须要提到杜威，因为这两人的教育理念与思想是一脉相承的。杜威自不必说，谈到现代教育，就必须要谈杜威，他被视为二十世纪最伟大的教育改革者之一。那么，杰克森和杜威之间有什么联系呢？

对于杰克森来说，杜威是他最为尊敬的前辈。当他还是一个本科生的时候，就读到了杜威的教育学著作，当时就非常认同杜威的观点；研究生期间，他去哥伦比亚大学，杜威曾在哥伦比亚大学任教，所以那里的老师们不仅研究杜威，而且见过杜威本人，使杰克森对杜威的思想萌生了更加浓厚的兴趣。

1952年杜威去世；三年后，杰克森来到芝加哥大学任教。值得一提的是，杜威也曾在这里任教。当杰克森第一次走进芝加哥大学图书馆时，杜威的塑像就矗立在大厅正中。在这种环境下，多年来，他一直专注于研究杜威的教育思想，甚至还曾担任杜威创办的实验学校的主任。可见，这两人有很深的渊源。纵观全书，字里行间都充满了对杜威的推崇与敬仰。

此外，在读书时，笔者还明显感受到，作者是一个较为推崇理性的人。他仔细研究了德国哲学家康德和黑格尔的思想，并将之融入自己的教育理念之中。比如他对"真理"的分类，就是受到了黑格尔"偶然真理"与"内在真理"的启发。

基于上述几位学者的观点，以及作者本人多年教育实践所获得的生动体验和深刻思考，杰克森教授写成了《什么是教育》一书。

2. 研究缘起：杜威之问

了解了作者的研究背景，我们再来看本书关注了哪些重点问题，提出了哪些主要观点。这本书的起源可以追溯到1938年，当时杜威应邀向一群教育从业者发表了一次演讲，他敦促人们思考"何为教育"这个问题，此问又被拆分成了四个子问题：

什么称得上是教育？

在没有任何修饰的情况下，教育的本质是什么？

教育的纯粹、简单指的是什么？

满足什么条件，教育才能成为现实，而不仅仅是一个名称或口号？

可以看出，杜威十分关注教育的纯粹性。20世纪40年代末，当时还是学生的杰克森首次接触了这次演讲的文字稿，于是就将杜威的问题铭记在心，在接下来几十年的漫长时间里，一直反复思索杜威所提出的问题。为了寻找到一个简短且有效的答案，他开始对教育的价值进行思考，询问教育的基本价值是什么，为什么教育对人类的幸福来说如此重要。

要想获得这个答案，他首先思考：教育的使命到底是什么？杰克森提出了这样一个疑问：教育所致力于传播的，究竟是知识，还是真理？让我们也来思考这个问题。知识和真理有什么不同呢？我的理解是，比如在课堂上，教师与学生分享知识和他人的思想，这就是传播知识；而如果教师更愿意看到学生能够独立思考，由自己确定所学内容里包含的真理，这就是对真理的传播。简言之，真理是经过学生自己咀嚼过并相信为真的知识。

在杰克森看来，当我们面对生机勃勃的孩子们时，教育的首要任务是传播真理。

3. 教育的使命："贩运"真理

杰克森教授进一步提出，教育的使命就在于"贩运"真理。他将真理归结为五种类型：事实性真理、系统性真理、工具性真理、道德性真理和主观性真理。事实性真理是教育内容中最简单的生活常识，所提供的信息通常可以在一瞬间或以易于验证的感觉进行传达（可以理解为直白的事实知识）；系统性真理是知识内容的体系，一般以复杂的结构形式呈现出来（比如某个学科的知识结构）；工具性真理是关于方法论的知识，涉及做事情的方式方法，即人们采取行动的规划和步骤（比如学生的学习策略）；道德性真理是内化并植根于人类道德意识中的礼仪和规范（类似于我们所说的品德教育）；主观性真理是个人采取的真实看待自己、他人以及整个世界的真理。

杰克森教授认为，教师在课堂上所做的就是"贩运"真理。但是首先，在对这五种真理进行"贩运"时，教育者必须赋予这些真理以生命。

对于这个观点，我的理解是：在我们日常教学中，如果教师单纯地把某个知识告诉学生，这个知识是没有生命的，它不能走进受教育者的心里，教育的效果就会不尽如人意，所以教育要"贩运"的真理必须是容易获取的、有趣的，也就是一种主观性的真理。

所以，杰克森认为，教育最重要的使命在于将前四类真理转化为第五类真理，即主观性真理。那么，我们应该怎么做才能完成这种转化呢？杰克森教授认为，应该建立一个民主的课堂，允许学生能够独立思考，能够自己确定所学内容中的真理，即教师要将学生在知识学习过程中的反对和异议当作建议对待。

我认为，在日常教育教学工作中，这是一种对教师的"修炼"，因为对教师而言，这意味着他们要容忍学生打断授课，对学生意外提出的问题感到愉快，注意学生在课堂上困惑的面部表情，并乐于为学生答疑解惑。回归当前的日常教学生活，教师选择授课的内容，讲课、布置课堂作业和课后作业等活动，课堂活动的组织过程和形式，几乎是由教师一手操办。然而，在理想的课堂生活中，知识应该由学生自主建构，只有在学生心里发生的知识学习才可能是最高效的。正如杰克森教授所言，只有"对真理'贩运'的控制转移到了个人手里，此时，它才处于自由社会中。在最好的条件下，其最终的管理者不是别的，正是思维本身，思维在做自己的事情，行使自己的自由，沿着自己的轴线转动，发挥自己的潜力"。

4. 教育的终极目标：爱与承认

如果说教育的任务在于"贩运"主观性真理，那么教育的终极目标又是什么？杰克森教授指出，教育的最终目标是追求人类生活的真、善、美，这也是全人类努力追求的完美顶点。我们今天寻求并思考教育的终极目标，这本身就是一种高价值的人类努力。

为了实现教育的终极目标，我们需要建立什么样的师生交互关系或学校与学生的相互关联呢？杰克森在书中第139页写到，威斯康星州瓦克夏的卡罗尔大学校门口有一块标语牌："卡罗尔大学：大，足以服务你；小，足以认识你"。这句话令他极为震撼。"大，足以服务你"主要是指学校环境中必须要有足够的物质设施，充足的、训练有素的工作人员和教师，以及丰富的课程设置，从而能够为学生提供广泛的、发挥智慧才能的选择和机会。"小，足以认识你"主要意味着在这所学校里，学生不会没人管，不会在人群中迷失自己，表明学校的教师和管理人员要将学生视为个体对待，不仅仅是知识的受众，这背后的支撑是学校与教师对学生所做出的道德承诺，这种道德承诺其实是基于对学生的爱意或人性关怀而实现的。

在基础教育阶段的师生关系中，彼此的承认与尊重能够实现教与学的良性互动。杰克森引入"爱"和"感情"以揭示教育的本质。他认为，在教育中，"爱扮演着至关重要的角色，正是爱的胶水将事物粘在一起，让它们凝聚一处"。

因此，在杰克森看来，教育归根结底是一项道德事业，他将彼此承认与尊重看作是教师与学生交往关系之魂。杰克森认为，黑格尔所说的"彼此都承认"是让我们成为更完整的人的条件，正是基于此，我们得以发展个性鲜明的独立人格。教育的根本目标是让学生以及教师，进而每个人，都变得更好。我们都知道生活中他者的存在是多么重要，世界之大，我们总仰仗陌生人的善意。尤其在师生之间，存在着一种特殊的交往关系——"告知"和"塑造"。杰克森将"告知"称为"模仿"，"是因为它提供一个将事实和程序性知识，通过一个基本上是模仿的过程，从一个人传递到另一个人的中心地"。而"塑造"是一种质的变革，"将包括为整个社会最为真实的所有性格特征和个性"。由此，可知学生独立人格的养成与教师的承认与尊重之间有莫大的关系。教师在某种意义上是学生最信任和崇拜的人，教师的任务不仅是言传身教，更重要的是学生道德和精神心灵的伟大导师。杰克森指出，师生之间的相互承认是人类繁荣的必要条件。

我认为，在师生交互关系中，正是这种对彼此的承认与尊重，成就了师、生作为独特鲜活的个体而存在。当代德国哲学家霍耐特认为，爱、尊重和社会重视是承认的三种形式。获得承认是个性中的自然倾向，是每个人进行交往的动机。教育中的交往是一种相互承认的关系结构。学生作为完整的人，其精神人格是通过教育对他的"特殊性"的承认而得以发展的。在这种承认关系中，学生形成了独特的、完整的、有尊严的自我，培养了主体间的道德感和共通感，教育本身也形成了一种有爱的共同体。教育过程是一种交往过程，或者说教育是在交往中进行并实现的，道德和知识的学习都是在教育者与学生之间交往互动中进行和收获的。互动和交往是人们获得承认或接纳的根本方式，而承认或接纳是形成社会认同和个人认同的方式。

5. 教育的本质：向好

在书的末页，看到作者经过形而上学的深入思考，总结出他心中对教育本质的理解时，我的内心自然而然地产生了共鸣和感动："教育是一种促进文化传播的社会活动，其明确的目标是让受教育者的性格和精神（人格）福祉产生持久的好转变化，而且，间接地，让更广泛的社会环境发生好的变化，最终延伸至整个世界。"换言之，教育的本质应该是一项道德事业，教师与学生都应成为"更好的人"。教育的底线在于教育归根结底是一项道德事业，在于它的目标就是要改善人的精神。教育试图让接触它的每个人，如教师、学生的精神比现在更好。这一任务是无穷无尽的，它试图让全社会乃至全世界变得更好。每一代新人都需要接受教育，都可以自由地在前人的基础上继续前行，创造更美好的生活。教育是一项道德事业，就是使我们自己重新致力于对它的服务，重新认识这项事业的崇高和神圣，这样，人类的生活才可能因自己的努力而更美好。

总体来看，《什么是教育》一书中，杰克森深刻探讨了教育的本质，把教育看作生命与生命的交往与沟通的过程，而彼此承认和爱则是这一道德事业得以生成、发展的根基。杰克森认为，教育是平等的对话和自由的交流、是尊重与承认。因此，无论对于教育者还是学生来说，承认、爱、尊重都是不可或缺的最有价值的东西。只有将教育视为一项道德事业，才能让其真正发挥唤醒灵魂、促进自我完整发展的意义。正如杰克森所说，教育应让每个人变得更好、更幸福。

6. 批判与反思

读后掩卷，这本书给我带来的思考很多，与各位同人交流、分享一二。

第一点思考是：杰克森认为，师生应当给予彼此足够的爱与承认，师生之间的相互承认是人类繁荣的必要条件。然而，无论是其所举出的卡罗尔大学标语牌的例子（提到了学校对学生的服务与关怀），还是他所描述的师生关系——告知、塑造、模仿……这些词汇与事例，似乎都写满了粗大的"单箭头"，反映的是教师对学生单向的传递与影响。包括作者在前文论述真理时提到的对真理的"贩运"，在这些词句中，学生似乎始终处于一种被动承受的地位。我们总说"教学相长"，显然，爱、承认、尊重，应当是师生间的一种双向行为。那么，学生对教师的爱与承认，会对教师产生什么影响呢？教育的根本目标是让学生以及教师，进而每个人，都变得更好，但作者在教师变化的方面似乎着墨不多。

第二点思考是：学生除了领受教育者给予的爱与承认之外，其自身有没有主观能动性？显然答案是肯定的。我认为，更应受到重视的，是学生身处这样充满爱、承诺、道德的环境里，其内心所自然而然生发出的情感：对自我的肯定、对师者的尊敬、对真理的热爱。这种自发的情感，能够催生学生的深层次学习动机。作者似乎对学生的情感提及较少。在阅读过程中，我不止一次想起我校从 20 世纪 80 年代起就开始探究的"导学式"教学法。所谓导学，实际包含了五个"导"：导趣、导情、导思、导法、导疑。其中，导情是十分重要的组成部分。我国古代有"道而弗牵"，西方有苏格拉底之"产婆术"，教育者的最佳位置是引导者，学生最深沉、最内核的情感应当是由自己生发出来的。教师对学生的爱与承认固然非常重要，无可辩驳。然而，学生是否能够借由这种爱与承认，生发出起于内心对自己的爱、对老师的爱、对知识对真理的爱，能否承认自己、承认世界，我认为这更加重要。

第三点思考是：杰克森认为，教师的任务是传播真理。这使我难免感到一种"惶恐"。当我们自诩为真理的传播者，那么真理又是什么呢？它能够由我们来定义吗？真理是否只存在于人们的想象中？如果说真理是人们根据自己的经验、判断其为真的东西，那么它岂不是一个见仁见智、千人千面的存在？教育的过程是如此复杂，不同的学生，不同的教师，不同的教学过程——最终，我们如何才能知道，学生学到的是"正确"的"主观性真理"？主观性真理如何做到"准确无误"？又如何能够确保每个教师都具有传播主观性真理的自觉呢？这恐怕还是我们需要思考的问题。

另外，作者认为，教育的目标是让受教育者乃至整个社会产生持久的好转。但首先，如何界定什么是"好转"？往往此时认定的"好转"，彼时却是"祸害"；此时的"好转"，彼时却被认为是"恶化"。道德也从来不是单一的，多元论者会认为有无数种互相对抗的道德，追求道德纯化的后果是付出巨大的社会成本。

谈到这里，笔者不禁想起严教授极富启发意义的文章《做"四有"教师》。文中提到，所谓教育，就是生活在今天的一群被称为"教师"的人，用昨天的知识，教着生活在未来的今天的学生。做教育的人应当时刻保持警醒，无论如何都要建立未来眼光、战略思维。否则，教育越多，可能危害越大。教师之于教育、之于学生、之于人才，比天还要重要。教师怎样，教育便怎样；教育怎样，未来中国便怎样。你我今天做怎样的教育，未来也就会有着一个怎样的中国。可见，教育者在传播主观性真理时，必须要对什么是教育、我们应当传播怎样的真理，保持一种清醒的头脑和理性的思考。我国在不同的发展时期，对于教育的需求、对于学生的要求，也是不一样的。在 2018 年的全国教育大会上，习近平总书记指出，要德智体美劳五育并举、均衡发展，这无疑是当下我国教育者应当坚守的信念与前进的方向。

我们专业的精确性要求我们更加清醒地认识教育；可是，我们专业对象——人的复杂性，又决定了我们对所从事的教育专业未必有一个万全的认识。作者在整本书中也在告诉着读者，"什么是教育"是一个永远都触及不到完美答案的问题，我们的思维只能无限去接近完美，但是永远都达不到终点，但这并不能阻止我们去进一步思考和完善，因为正是有了这样深入的思考，才能实现本质与存在更完美的结合，才能使存在不断向真理的方向去完善。

著名教育家雅斯贝尔斯曾说："对话便是真理的敞亮和思想本身的实现。在对话中，可以发现所思之物的逻辑及存在的意义。"笔者看来，我们的读书活动也是一种对话，在这种对话中，"什么是教育"也许没有明确答案，但这种思考、讨论、再思考的过程，本身就是意义所在。或许当我们忙于应对日常事务性管理工作的时候，偶尔应当抬起头，仰望教育哲学的星空。人们常说，哲学是晦涩难懂的，是高不可及的，其实通过阅读本书，可以发现恰恰相反，哲学是最贴近我们心灵的学科，它无处不在、最为直白。一花一世界，当我们沉静下来，某种属于哲学的思辨就开始了。

（二）教育要干什么

《叶圣陶教育名篇》一书在几年前笔者已认真拜读，此次再次捧起此书更感亲切。叶圣陶老先生语言亲切、质朴、风趣，仿佛身临其境；老先生以杂谈的方式指出教育工作中存在的问题，揭示教育的目的、教育教学的方法，使笔者深受启发，感同身受。本书共三辑：教育杂谈、教学杂谈、评议杂谈。下面，笔者就读第一辑教育杂谈，围绕"什么是教育？教育要干什么？教师要干什么？"谈谈自己的思考与认识。

教育的意义究竟是什么？许多人认为，教育是"成熟的人对未成熟的人，以一定的目的、方法使能自觉"，杜威所谓"教育即生活"，舒新城所谓"教育是启进人生的活动，其目的在于为社会创造自立的个人，为个人创造互助的社会；其方法在利用社会刺激，使受教育自动解决问题，创造生活"。叶圣陶先生在《教育与人生》一文中指出："我以为教育应该指学校教育而言。所以，教育是用学校作为工具，把旧有的知识系统传授给继起的青年，使他们养成一种适合于既成社会的人格，以维持和发展这个社会。所以，教育是人类获得生存资料和经营生活的一种工具。教育本身并非目的，而是工具。这种工具，大而言之可以挽救国家社会，小而言之可以指导个人，改造个人的错误，实现个人的本能，它的作用是很大的。"

　　笔者以为就学校教育是促进学生全面发展、健康成长，并为他们积蓄和储备适应未来社会发展所需能量的过程。

　　全面发展就是坚持德、智、体、美、劳各育全面发展，其中德育是其他各育的核心、首要，它是我们盖房子时使用的四梁八柱中的顶梁柱。做好德育工作是我们的教育，特别是小学教育的首要任务，关系到培养什么人的重大问题。习近平总书记在全国教育大会上的讲话指出，我们的教育必须把培养社会主义建设者和接班人作为根本任务，培养一代又一代拥护中国共产党领导和我们社会主义制度、立场为中国特色社会主义奋斗终身的有用人才。我们要在习近平总书记提出整体育人目标要求下，结合学生年龄特点、心理特点，遵循教育规律落实到学校的德育工作，使学生在各种教育活动和教育体验中受到自我教育，得到自主发展。其他各育也要在整体育人目标指导下，结合各自的分目标，对学生实施教育，形成教育的合力，进而使学生逐步树立起正确的人生观。正如教育学家杰克森在《什么是教育》一书中指出"教育归根结底是一项道德事业"。

　　学生的健康成长，笔者认为既包括学生的身体和心理健康，也包括要培养学生树立健康第一的思想，引导学生养成健康的生活方式、科学的锻炼方法，以及积极的、乐观的、崇尚的心理状态。后者是基础和前提，前者是结果和状态。

　　之所以说，学校教育是为学生积蓄和储备适应未来社会所需能量的过程，是因为：第一，学校教育是终身教育体系的一部分，而小学教育既是以幼儿教育为基础，又为高一级教育打基础的阶段。第二，学生在小学阶段的学习生活也是人生的一部分。要让学生明确现在的学习就是人生的一部分，就要端正学习态度、明确学习目标，这样才能会产生源源不断的学习动力。

　　上文阐述什么是教育的问题时，已经讲到教育的首要任务是道德教育。教育特别是小学教育的第二个重要任务就是培养好习惯。在谈及好习惯时，叶圣陶先生说："无论怎样好的行为，如果只表演一两回，而不能终身以之，那是扮戏；无论怎样有价值的知识，如果只挂在口头上说说，而不能彻底消化，举一反三，那是语言的游戏；都必须化为习惯，才可以一辈子受用。"所以，笔者认为，教育就要培养习惯，好习惯易终生。叶圣陶先生在谈及如何培养习惯时说："养成小朋友的好习惯，我将从最细微、最切近的事物入手；但硬是要养成，决不马虎了事。"笔者非常赞同老先生的观点，特别是我们做教育的一定要守得住寂寞，对学生发展有利的事情一定要一杆子插到底，干好！我们在培养学生良好习惯时，建立了以班主任为核心的教师集体管理班级的机制，形成校内教育合力，通过"讲、树、做、展、评"五个环节落实习惯养成教育，在培养学生良好习惯时还特别注意近、小、实。"近"就是贴近学生日常学习生活，"小"就是从细微处着手，"实"就是要实实在在地落实、扎扎实实地推进。为了更好地推进习惯养成教育，我们制作了良好习惯课程资源，组织全体师生和家长学习，在日常学习生活中训练学生。同时，我们开展教育就要培养系列家长学校培训，指导家长在家庭生活中培养学生习惯，形成家校教育合力。在培养学生养成良好习惯的过程中，非常重点的一点就是教师要做到为人师表，要求学生做到的，教师要首先做到；学生要养成的好习惯，教师要做好示范。正如叶圣陶老先生所说："一个学校的教师都能为人师表，有好的品德，就会影响学生，带动学生，使整个学校形成一个好校风，这样有利于学生的全面发展，对学生的成长大有益处。"

我们明确了教育目的和学校教育中最重要的两项任务，那么，教师要做什么呢？笔者以为教师重要的是做好两件事：一是关爱学生。老师要用真心、用真情，要让每一名学生感受到老师是真心地爱自己的，要让每一位学生家长感受到教师是为自己孩子好的。只有这样，我们教师的爱才能转化为无穷的教育力量，才能收获好的教育效果。正如叶圣陶老先生所说："我如果当小学教师，决不将投到学校里来的儿童认作讨厌的小家伙……我都要称他们为'小朋友'。那不是假意殷勤……而是出于忠诚，真心认他们做朋友，真心要他们做朋友的亲切表示。"二是教学生学。"教是为了不教"是叶老的一句名言。教师不是教书匠，不能教学生读死书、死读书。教材只是范例，教师要用教材教而不是教教材。学生也不是瓶子，瓶子里短少些什么，就给装进什么。教师教书只是一种手段，知识只是一个载体，教师在教知识的同时，必须使所学的东西融化在学生的思想、感情、行动里，学生的思想、感情、行动确实受到所学的东西的影响，才算真有了成效。正如叶老所说："能够'躬行实践'，才是名副其实的教育。"

第四节 理论学习和专业指导的重要作用

在领航班组织的几次活动中，专家的点评、反馈，同行的互相帮助学习，对德育课程建设产生了深远影响。

一、加强理论学习，增强"看家"本领

在领航班的学习理解对教育工作者大有裨益，但是读懂、领悟、再实践需要一个过程，需要勤奋和探究。我还在学习领悟之中。

很多专家、同人提出了中肯的建议，比如：对学校校史的修订可以做成教科书式；楼道文化应当加强；基础课程做得较好，但实践课程、探究课程还有提升空间；班级多、人数多、空间小，离图书馆远的孩子看书不太容易，随处可读、随时可学；生均空间不足，源于老百姓对优质教育资源的期待。需借助外部力量，如政府部门，在任期内进行协调，形成动态有序的局面；课程架构中，实践性、探究性课程较多，但似乎没有得到充分呈现；不仅应让学生了解校史，还可以让学生书写校史，分三个板块：一是传承过去、总结理念；二是书写现在的校史，学生六年的成长史就是学校的校史；三是毕业时，学生对学校未来发展的展望。

"不识庐山真面目，只缘身在此山中。"有时，我们要通过他人来认识自己。在领航班的活动中，同学们的诊断调研分析透彻，既实在又到位。这里面，特别是这样几位同人的点评让笔者记忆犹新。

江苏省常州市局前街小学校长李伟平提出：一是对学理的推敲。如"传承中营百年文化，实现师生全面发展"是办学理念还是办学目标？办学特色：百年文化、严谨善导，是否能作为办学特色？二是阐述历史与现在的关系。应当在传承中发展创新，不能沉湎于历史而没有新的发展。如导学教学模式，如今

进一步发展为"导学教育"，涵盖了学校的领导管理、课程教学、德育。这种设计是否合适？"导学"是不是更侧重于学习？字眼是否站得住脚？三是对逻辑的推敲。学校理念、课程分类分成了几大块。但应当讲究逻辑关系，在同一个逻辑层面上分类，不能把几个事情罗列在一起分成一二三，交叉重复。如基础、实践、探究课程，分类标准是什么？似乎有互相包含的关系。划分依据是否具有科学性？通识、体验、选择，是否在一个层面？分类的标准似乎不一致。再如：三类课程的目标表述，不在一个层面，词语也不一致。应该怎么表述？又如：导学教学模式的六个导，导思、导疑，怎么区分？四是对理念的传承。导学模式，导什么？怎么导？应当看实实在在的课堂，而不是活动。五是对校训的转化。新的历史时期，校训怎么落实到领导管理、课程建设中去？"引导教育""导引教育"比"导学教育"好。六是要学习理论导师的自学精神、思维方式，由点状、割裂扩散到整体融通。不要局限于条件论的思维，应当是主动可为的思维。教天地人事，育生命自觉。

诸如以上这些观点，李伟平校长以其风趣幽默、才华横溢的点评和亲民的作风，令笔者受益匪浅。

南京师范大学教育社会学博士生导师吴康宁老师谈及现今的教育，深刻的观点引人深思。首先，现在有些学校的网站感觉不够丰富，维持更新还需要更多人手，作为学校的动态展示，需要花更多功夫，呈现出学校即时的发展动态。学生在网站里也应有活动，老师、学生应当看到自己的成绩被展示出来，作为激励方式。其次，应让更多学生获得班级管理、班级治理的机会。班干部的产生，仅民主选举有弊端。有的学生长期管理班级，拥有更多权力，大部分学生没有更多机会参与管理。班级和医院、车间不一样，不是仅讲效率，能力强才做领导。学校当中的一切都是为了学生的成长，而不能为少部分学生的成长。在班干部的遴选机制上下功夫，班级管理轮值多样化，不需要与成人社会一样。再次，校园文化应有更多学生自己创作的产品，发挥学生的潜能，书写自己的校史。学校的教育理念、办学理念、办学特色、教育目标等，都属于学校的符号。这套符号是否需要在现有基础上进行反思、超越？不能原地踏步，需要提升。

严华银教授给学校提出了未来发展的时代命题"百年老校文化从何而来？"在他看来，学校文化不只是老校长的校训，而应当是现在进行时，传承要与现代融合。文化是生长出来的，不是一个人定下来后不变的。

二、把握成长规律，发挥领航作用

新冠肺炎疫情的爆发使得领航班线下交流培训活动不得不按下"暂停键"。然而，诸位学员的学习和培训需求被临时转移到线上，从而促使云端交流由以往的教学辅助手段一跃成为主导的教学方式，线上的讲演和点评在疫情期间被按下"快进键"。

笔者在演讲中提出一个问题，"作为新时代的校长，特别是要发挥辐射引领作用的'领航'校长，我们的特异之处在哪里？我们应当具备哪些素养和品质、心怀哪些追求？"这个问题也是笔者此时此刻想与大家一起讨论的问题：领航校长如何领航？自己优秀已属人中龙凤，天分和努力使然，如何引领其他校长成长为优秀者？其他几位领航校长也从不同角度讲出了自己的心声。这一重要问题值得大家在这样一个交流场合进行积极的回应和讨论。

通过交流和学习，笔者非常赞同江苏基地首席专家严华银教授的观点，严教授提出：校长，尤其是"教育家型校长"（领航校长），应具备四个核心素养，即领导力、思维力、创造力和表达力。这是非常有见地的见解。笔者认为教育家型校长最核心的素养是思维力，应从三个方面不断建构自己的理性思维，例如教育本质的理性思考、躬行实践、反思成败等，这些观点解读形成了一个工作中理性思维的实践闭环，让大家很受启发。

笔者认为，领航校长的胜任力特质表现在他们在教育工作中把握理性和感性冲突之间复杂性的平衡能力。例如我们学校的校训——"勤朴敏健"，这四个汉字中的每一个字都饱含着情感的坚守，理性的坚定；又如我们在疫情中的工作处理方式，对于家校诉求不和谐处理中的灵活性、包容性，也是校长价值引领力的直接体现。

在理论中探究，在实践中升华。今天的德育课程不仅要加强课程育人、实践育人、文化育人、活动育人、管理育人、协同育人等，更要与时俱进，大力推进德育课程的专业化、前瞻性和现代性，加强专业教师队伍培养和建设。未雨绸缪早布局，德育课程新谋划，最终达成培养德智体美劳全面发展的人才目标。

第四章

德育课程的实践与落实

第一节　共识

　　培养什么人，如何培养人，历来是党和国家教育的根本问题。党的十八大以来，以习近平同志为核心的党中央，要求全面贯彻党的教育方针，坚持教育为社会主义现代化建设服务、为人民服务，把立德树人作为教育的根本任务，培养德智体美劳全面发展的社会主义建设者和接班人。习近平总书记着眼全局，把握关键，立意深远，深刻回答了培养什么样的人、为谁培养人以及如何培养人等一系列重大问题，是中国特色社会主义教育理论的精髓，是推进我国教育现代化的指导思想和行动指南。

　　中华人民共和国成立后直至党的十六大，在党的教育方针的表述中，始终强调受教育者德智体美全面发展。毛泽东同志在 1957 年指出："我们的教育方针，应该使受教育者在德育、智育、体育几方面都得到发展，成为有社会主义觉悟的有文化的劳动者。"1978 年，邓小平同志在全国教育工作会议上指出："应该使受教育者在德育、智育、体育几方面都得到发展，成为有社会主义觉悟的有文化的劳动者。"1982 年，《中华人民共和国宪法》第四十六条规定："国家培养青年、少年、儿童在品德、智力、体质等方面全面发展。"1995 年，《中华人民共和国教育法》第五条规定："教育必须为社会主义现代化建设服务，必须与生产劳动相结合，培养德、智、体等方面全面发展的社会主义事业的建设者和接班人。"2002 年，党的十六大报告提出："坚持教育为社会主义现代化建设服务，为人民服务，与生产劳动和社会实践相结合，培养德智体美全面发展的社会主义建设者和接班人。"

　　党的十七大报告提出，"坚持育人为本、德育为先，实施素质教育，提高教育现代化水平，培养德智体美全面发展的社会主义建设者和接班人，办好人民满意的教育"，首次提出了"育人为本、德育为先"。党的十八大报告则进一步强调把立德树人作为教育的根本任务，培养造就中国特色社会主义事业的建设者和接班人。将"立德树人"的定位置于"全面发展"之上，这是以习近平同志为核心的党中央继承、丰富和发展党的教育方针的集中体现，是对党的全面发展的教育方针的重大发展，是党的教育理论创新的最新成果。

而身为一名老教育工作者，立德树人一直是我倡导的育人核心，无论是身为一名普通教师，还是一名教学骨干；无论是在中层管理岗位，还是今天作为一校之长，德育一直是我时时思考、处处践行的教育课题。著名教育家陶行知先生说过，"千教万教教人求真，千学万学学做真人"，"先生不应该专教书，他的责任是教人做人，学生也不应当专读书，其责任是学习人生之道"。世界著名教育家艾伦·德瓦艾特认为，教育有两个目的：一个是要使学生聪明，一个是使学生做有道德的人。爱因斯坦在《论教育》中也说"学校应该永远以此为目标，学生离开学校时是一个和谐的人，而不是一个专家"。和谐的人要靠和谐的教育来培养，它要求教育要有全局观念，不仅传授专业知识和技能，更重视人的综合素质的培养，促进德智体美劳全面发展。

苏霍姆林斯基说："领导学校，首先是教育思想上的领导，其次才是行政上的领导。"一所高质量、有特色的学校，不仅要有先进的办学理念，明确的发展目标和规划，更重要的是把先进的办学理念，通过全体教职员工的共同追求和不懈努力，转化为学校的办学实践，从而实现学校发展的目标。所以，无论在哪所学校，在德育工作中，我一直思考"四个着力"。

一、转变观念，在思想认识上着力

"师者，所以传道、授业、解惑也。"其中"传道"是最重要的。然而，现实生活中，德育工作的重要性却不是每个人都能意识到的。有不少教师重教书，不重育人，他们的着眼点放在学生智育上，只关心学生的分数，德育责任感和育人实际工作都不到位，对德育工作的认识模糊，在思想上和精力上向"应试"方面大角度倾斜。针对这一情况，学校成立了德育工作领导小组，校长亲自任组长，下大力气，坚决改变"抓智育一手硬，抓德育一手软"的现状，充分发挥教师在德育中的主导和核心作用。

首先，加强师德建设，强化教师在育人中的主导作用。优秀的教师队伍是学校发展的基石，是学校全员育人的关键。应从思想、理念、制度、环境等方面采取措施，加强师资队伍建设，充分发挥教师在育人中的主导作用，强化教书育人工作。要引导教师树立育人为本、以德为先的教育理念，明确育人职责。一方面，教师要充分认识教书育人是教师的天职，关系到国家的前途和民族的命运，增强责任感和使命感，在教育教学过程中不断提升自己的思想道德素养，以良好的思想、道德、品质和人格给学生潜移默化的影响。另一方面，教师又要全方位关心、爱护学生，充分尊重学生，促进学生人格的完善。要引导教师正确看待学生中存在的问题，主动将思想教育融入专业教育的各个环节，渗透到教学、科研和服务的各个方面，在传授知识的过程中加强学生的思想政治教育，使学生在学习和生活过程中，自觉加强思想道德修养。

其次，进一步深化改革，建立健全科学有效的教师评价体系，用制度落实"全员育人"。建立发挥课堂教学主渠道作用的长效工作机制，把教书与育人紧密结合起来，确保所有教师都履行育人的职责，所有课程都发挥育人的功能。对以教学或科研为主和教学科研并重的教师分类制定考评体系，对于那些热爱教学，教书育人，取得突出成绩的教师应加大奖励力度，实行积极有效的激励机制，鼓励教师发挥教书育人的主导作用。采取措施，完善教师职业道德规范，坚持"德育一票否决制"，将教书育人状况纳入教师考评奖惩制度。

最后，要以"教书育人"为切入点，通过评选师德优秀群体和师德标兵等活动，树立师德先进典型。深入开展职业道德教育，推动师德建设，促进学校良好的学风、校风的形成，积淀学校精神品牌。大力弘扬恪守师德、教书育人的忠诚情操，默默耕耘、不计名利的奉献精神，严谨治教、刻苦钻研的敬业作风，积极顽强、无怨无悔的执着追求，构建良好的教书育人环境。引导广大教师继承中华民族的优良师德传统，结合时代要求，树立"学为人师，行为世范"的崇高目标，严于律己，以德施教，以高尚情操、丰富学识和人格力量影响教育学生。引导教师发掘蕴含在各门课程中的思想政治教育资源，提高德育水平，增强学科育人魅力。

二、营造氛围，在育人环境上着力

校园文化对于学生的思想观念、道德品质和行为习惯的发展具有不可忽略的影响。"学校无小事，事事皆育人。"因此，在学校，我们努力营造育人的文化氛围，创造优良的育人环境。

首先，学校十分重视环境道德教育。学校在各班教室悬挂伟人画像及名人名言标牌，在教学楼醒目位置悬挂名人画像，在校园醒目位置书写校训、校风警句和名人名言。同时，学校利用有限的资金，修建草坪和亭廊，绿化美化校园的生活环境，使人与自然达到高度和谐。校园环境的设计布置与德育活动相配套，形成育人的整体氛围。

其次，我们特别注重将环境道德教育与日常行为规范教育相结合。学校制定学生养成教育中长期规划，将学生良好行为习惯的养成教育细化到月，每月一重点，每周一目标，一周一反馈，一月一总结。俗话说"嫩枝容易弯也容易直"，这说明了加强小学生行为规范养成教育的重要性，他们年龄小，知识少，行为习惯正处在形成之中，可塑性大，可变性强。

例如在南开区中营小学，以学《小学生守则》为载体，培养小学生行为习惯，落实新《小学生守则》与养成教育相结合。

学：班主任带领学生集体晨读新《小学生守则》，让学生真正熟记、理解和认同，并结合《中营小学校园环境保护细则》，对新《小学生守则》的内容进行逐条解读。促进良好班风、学风、校风的形成。

看：学期初，结合新《守则》规范的具体要求，组织各班观看自行录制的《中营小学学生在校一日行为规范》《坐立行走》录像片，对于这些视频资源和新《小学生守则》内容，我们还将其传送到"云瀚竹生"学校管理平台上，学生在家里也可以和父母观看学习研究，提供一个范式，明确学校的各项要求。

议：召开主题班会，围绕"学习新《小学生守则》，养成好习惯，争做好少年"的主题，对照新《小学生守则》内容，排查自身差距，反思存在不足，讨论确定"勤朴敏健"中营人的形象标准，通过形体训练、习惯培养等途径，强化对学生的训练。各班根据自己班级的具体情况制定和修订了符合自己班级发展方向的治班理念、班规、班纪，制作特色班级管理手册，使得新守则更好地落实到班级活动中。

查：值周中队、卫生检查员、文明礼仪监督员，课间活动护导员上岗定点值勤，监督检查同学们的行为。

评：从路队、升旗、进校礼仪、板报、环境卫生、晨检记录、眼保健操、大课间常规评比、学科阶段监测、校操评比、运动会等方面进行综合评比，确定"养成好习惯，成长乐无限"优秀班集体。各年级分别以"人走地面净，扮美中营我能行""课间生活真丰富，文明休息你我他""正确读写好习惯，明亮双眼常相伴""牢记守则规范，争做文明小学生"为主题开展活动。

做：掀起"争做勤朴敏健中营人"的热潮，开展一系列教育活动的同时培养了学生的责任心，使学生形成了自我管理能力，增强了责任意识。

最后，学校充分发挥宣传橱窗、黑板报和广播的作用，让学生在自我参与中受到思想教育。学校在节日和重大纪念日，组织各班举办规定主题的板报和橱窗，每组织一次都先布置，后检查评比，给学生以充分的时间准备。学生在创办过程中，积极搜集资料，认真设计版面，精心书写，在活动中既自觉接受了教育，又锻炼了能力。学校利用"校园之声"广播宣传报道校园的新人新事，报道国内外大事，培养学生的主人翁意识和责任感。

三、狠抓教研，在学科渗透上着力

"人人都是德育老师，处处应做育人工作。"这是学校对每一位教师的要求。为此，学校提出并精心组织实施了学科渗透的德育方案，要求各位老师充分挖掘学科德育因素，结合本学科特点，找准结合点，让学生在接受文化知识的同时接受思想教育。例如：思品课教师充分利用思品课的德育优势，精心上好每一节课，使思品课成为学校德育工作的主阵地。语文教师把握"双纲"，挖掘教材中的爱国主义、集体主义，团结协作精神、尊老爱幼的传统，以及中华优秀传统文化积极因素，培养学生积极向上的精神风貌。数学教师结合教材，在教学过程中充分再现知识发生和发展过程，对学生进行辩证唯物主义教育，培养学生热爱自然、热爱科学的精神……总之，课堂教学是学生接受思想教育的主要形势，各学科的德育渗透，让学生在潜移默化中既陶冶了情操，又接受了教育。

四、真抓实干，在活动载体上着力

开展德育活动是学校教育的重要实践领域，也是全面育人的任务落到实处的有效载体。我们深知，学校德育工作是一个系统工程，要做好这项工作，保证学生健康成长，需要全社会来重视、关心、支持、配合，以形成各方面齐抓共管的良好态势和学校家庭互动交流的立体教育网络。

其一，探索了一条学校教育与社会教育相结合的路子。学校组织了一些退休老干部、老教师组成关心下一代工作组，组织劳模、先进人物担任校外辅导员，形成一支有经验、素质高的辅导员队伍，由他们分期分批组织学生开展有益的社会实践活动。他们用经历、事迹和一颗颗火热的心为孩子们编织了一个精神的家园。

其二，加强对家庭教育的指导和管理。学校开办家长学校，在家长学校中，家长们通过经常参加学校组织的家庭教育讲座，系统地学习家庭育人知识，帮助家长们树立正确的教育观、质量观，提高家长的育人水平。而且，利用节假日举办学生、家长、老师的联谊活动，促进亲子交流，也在无形中进行爱老师、爱家长、爱学校、爱生活的教育。这些活动得到了家长的全力支持，得到了社会各界的一致认同。

其三，学校通过德育处有计划地组织学生开展丰富多彩的德育活动，让学生心灵得到净化，行为得到规范。例如，每周举行一次升国旗仪式，通过国旗下讲话，有意识地培养学生的爱国情操和荣誉感。每学期评选一次"三好学生""文明小天使""环保小卫士"等，充分发挥优秀学生的模范作用，带动更多的学生上进。每学期举办文化节、劳动节活动，充分展示学生的能力和特长，让所有学生都能找到自己的用武之地。开展营造书香校园活动，引导学生阅读大量有益的课外读物。组织学生观看爱国主义题材的优秀影片等，培养学生的爱国主义情怀。聘请综治办和派出所的同志进行法制讲座，增强学生的法制观念。这些丰富多彩的德育活动，可以净化学生的心灵，塑造学生良好的品德。

总之，小学生的思想教育工作是一项复杂的系统工程。我们学校紧扣"德育为首"的办学思想，积极探索小学思想品德教育的途径和方法；在实践中，紧扣以理服人，以情动人，以励激人，让学生在活动中受到潜移默化的教育。

古人云："德是才之帅，才是德之资。"如今，"身教重于言教"已成为每位教师的共识。作为学生接触知识、接触社会的引导者，每位教师都深感责任重大、使命在肩，不仅要把知识教给学生，更要把良好的学习习惯、生活态度传授给学生；要让学生学会知识，更要让学生学会做人；要让每一个孩子在校园里享受最优质的教育，享受最人本的关怀，更要享受最幸福、最阳光的教育。

第二节　融入

　　加强中小学德育工作，提高德育工作的针对性和实效性，实现课程育人、实践育人和文化育人，是中小学教育的重要任务。提高德育工作的针对性和实效性，就要切实消除德育内容抽象化，脱离学生生活实际，口号化、概念化现象，增强针对性和感染力。既要重视品德与生活、品德与社会、思想品德、思想政治等德育学科的主渠道作用，也要加强其他学科的德育功能。要符合学生认知规律和成长规律，将德育课程与学习融合在一起，与学生的实践活动融合在一起，与学生的真实生活融合在一起，让学生的学习过程、生活过程成为道德行为规范认知和形成的过程。所以，我们通过顶层设计，将德育课程理念融入办学过程中的所有核心要素中，让德育真正发挥功效。

一、让教育在细节中绽放光彩

　　行为形成习惯，习惯决定品质，品质决定命运。小学阶段是培养习惯的关键期。中国教育鼻祖孔子谈及从小养成良好习惯的重要性时认为："少成若天性，习惯成自然。"从小养成良好习惯，优良素质便犹如天性一样坚不可摧。中国青少年研究中心副主任孙云晓曾说，成功教育从习惯养成开始。教育的核心不只是传授知识，而是学会做人。习惯是一个人存放在神经系统的资本，一个人养成好的习惯，一辈子都用不完它的利息；养成一种坏习惯，一辈子都偿还不清它的债务。蔡元培先生也曾说："教育者，养成人格之事业也"。教育的核心是培养人的健康人格，而培养健康人格应从培养良好行为习惯入手。所以，我在咸阳路小学时，注重从细节抓起，从学生自身做起，扎实有效地对学生进行文明习惯养成的教育。

多年来，学校深挖养成教育细节，从方方面面严格要求，让学生有章可循、有"法"可依。学校各级领导、教师高度统一思想后，认为：

加强未成年人思想道德建设，应先从养成教育开始，养成教育要坚持以人为本，为其终身学习与发展服务的思想，要以课堂教学为主渠道，实现知识与技能、过程与方法、情感态度和价值观"三维"目标达成，要把养成教育变成学生生命生长、生成、发展的过程，要贴近未成年人的生理、心理和学习实际，要从"近、小、实"抓起，让未成年人在学习与生活实践中感悟升华。

加强未成年人养成教育要做到"三有"，即有目的、有计划、有组织。

加强未成年人养成教育，要有高的目标、标准、规格、要求，要形成上下一致的严格管理，特别是要构建以班主任为核心的教师集体管理机制，定期召开教师会议，分析、研究班级学生的状况，反思自己的育人行为，并制定下月工作计划；要组织学生开展丰富多彩的交流、反思等活动，使学生在形式多样的活动中得到自我教育、学会自我管理。

另外，要加强学校教育与家庭教育、社会教育的整合，形成以学校教育为主体，以家庭教育为基础，以社会教育为依托的三结合教育网络，以达成对未成年人教育的一致性。

"尊老爱老"系列活动是咸阳路小学开展养成教育的一项重要内容。目前，绝大多数学生都是独生子女，他们在家中"衣来伸手、饭来张口"，事事都由长辈为其操劳。同时，长辈过分的呵护、宠爱，更加重了孩子们以我为中心的心理和行为。在家中，有的孩子不仅不会独立生活，不顺心意时还大噪、大闹，更有甚者打、骂长辈，俨然是个小皇帝、小公主；有的孩子从来不去考虑长辈的疾苦和感受，更不关心长辈的身体和生活，自私自利，唯我独尊；有的学生在学校和社会上不懂得谦让，更不懂得关心、照顾他人，不会与人相处……上述孩子们的表现与我国传统尊老、爱老、敬老的美德及我国教育目标"培养学生德、智、体、美、劳等方面全面发展的社会主义建设者和接班人"相背离，是不适应现代社会发展需求的。为此，学校于20世纪80代就开始进行"发扬传统美德，提高学生素质"的研究与实践。这样的养成教育，不仅让学生懂得尊老爱老敬老，更让学生在学校组织的丰富多彩的活动中学会了爱，学会了宽容，学会了感恩。

例如：天津市南开区咸阳路小学与天津市养老院开展了20余年的"与孤寡老人共享幸福"主题教育活动，学校组织学生利用周二下午、周日和节假日时间到养老院去看望孤寡老人，与爷爷、奶奶认亲，为爷爷奶奶做力所能及的家务，向爷爷奶奶学习各种才艺，为爷爷奶奶表演节目，为爷爷奶奶送去可口的食物……孩子的行动感动了家长。在孩子的带动下，家长也积极地参与到此项活动中来，全家人为老人过生日，把老人接回家中过年，为老人养老送终……孩子的行动唤醒孤寡老人的生命渴望，他们企盼着自己孙子、孙女的到来，他们用自己仅有的一点点零用钱为孙子、孙女买一支笔、一个本，他们毫无保留地为自己的孙子、孙女传播才艺……孩子们的行动影响了社会，中央电视台、天津电视台、天津日报等各大媒体给予了40余次的新闻宣传，孩子的行动更改变了自己，他们学会了孝敬长辈，学会了尊重他人，学会了相互谦让，学会了互相理解，学会了独立生活……这一短暂的活动经历为他们的人生留下美好的记忆，他们在中学作文中经常追忆这段幸福的生活。这就是教育的魅力和教育的本质。

二、让孩子有幸福的生活能力

《国家中长期教育改革发展纲要》中明确指出："坚持以人为本、全面实施素质教育是教育改革发展的战略主题，是贯彻党的教育方针的时代要求，其核心是解决好培养什么人、怎样培养人的重大问题，重点是面向全体学生、促进学生全面发展，着力提高学生服务国家、服务人民的社会责任感，勇于探索的创新精神和善于解决问题的实践能力。"因此，我在五马路小学时，紧紧围绕"培养学生热爱劳动、热爱劳动人民的情感"的主要内容，加强劳动教育，让孩子们从小学会劳动，学会生活。

五马路小学的办学理念是"以人为本，和谐发展，日新月异"。"以人为本"是教育的目的和归宿，一切工作为了学生的发展，促进学生全面提高，一切成果看学生；"和谐发展"是在全面发展基础上的和谐，促进学生德、智、体、美、劳全面发展，实现学生在知识、技能、情感、态度、意志、品质、价值观等方面和谐发展。"日新月异"是要让学生天天有进步，月月有提高，年年有发展，让学生体验成功，感受成功的快乐。

学校的劳动教育，从建校初以"讲究卫生自理衣服"为主要内容的纯朴教育开始，历经半个多世纪探索与实践，如今已发展成为今天的劳动教育特色，是历届领导集体带领广大教职工，奋力拼搏、勇于探索、继承发展的成果。学校始终坚持党的教育方针，全面实施素质教育，不断探索各个历史时期劳动教育的方法与途径，不断积累各阶段劳动教育的成果与经验，不断创新劳动教育的实践与研究，逐渐形成了"以劳辅德，以劳增智，以劳健体，以劳益美"的教育思想，提高了学生的动手能力，培养了学生爱劳动的品质，促进了学生全面发展，形成了自己的办学特色。

从 1985 年至今，学校一直坚持开展劳动教育。学校从顶层设计就非常重视劳动教育，成立了由一把校长挂帅，副校长具体负责，主任、教师共同实施，学生与家长共同参与的劳动教育课题小组，保证学生劳动习惯培养的协调发展。学校自编教材，进行小学生劳动课教学实验，此项工作被列为天津市"七五"科研项目。投入 3 万余元建成了 9 个劳技操作台，增设了劳技专用教室。聘请劳动模范作为学校的校外劳技教师。2003 年，学校又参与编写了供全国使用的劳技教材。1991 年，学校举办了首届以"不做小皇帝，争当劳动小能手"为主题的劳动小能手竞赛活动。1994 年，学校又把"磨难教育"纳入到劳动教育中，组织学生徒步到农村野营实践，培养学生勇敢顽强的意志品格。

学校把每年五月份定为校园劳动节，每年一届的劳动节为学生搭建了展示劳动才华的舞台。"十一五"期间，学校承担了《构建家校和谐德育，培养学生劳动习惯》国家级科研课题，近 4 年连续被评为全国德育科研先进单位。2007 年学校编写了德育校本课程《习惯养成教育读本及评价成长册》，其中劳动教育专设两个篇章。如今，学校基本形成了以"热爱劳动为荣，好逸恶劳为耻"的校园氛围。学校曾被评为全国劳动教育先进校，中央教科所原所长滕纯同志为学校题词"劳动教育先锋"。

经过不断探索，学校总结出自己的劳动教育特色。劳动教育的总体目标是：传承与创新劳动教育特色，研发劳动教育系列校本课程，建设"以劳辅德，以劳增智，以劳健体，以劳益美"的特色学校文化，创办具有鲜明劳动教育特色的品牌学校，为学生成长、成才和一生幸福奠基。劳动教育的育人目标是：（1）培养学生树立正确的劳动观点（热爱劳动和热爱劳动人民的思想感情，以热爱劳动为荣，以好逸恶劳为耻）、磨炼克服困难、坚韧不拔的顽强意志，学会科学、简单、基本的劳动方法和技能，养成良好的劳动习惯，提升劳动素养，促进学生身心健康发展。（2）学习有关劳动技术方面的基础知识，学会使用一些劳动工具，掌握基本劳动技能，培养遵守劳动纪律、爱护劳动工具、珍惜劳动成果，勤于实践、勇于创新的优良品质，促进学生学会生存、学会生活、学会做人，着力培养创新精神和实践能力。

学校长期坚持劳动教育的实践证明：劳动教育具有辅德、增智、健体、益美的作用，是实施素质教育，实现全面育人的重要途径。同时，还应进一步利用、开发劳动教育资源，校内校外结合，学校、家庭、社会形成合力，共同建设综合劳动实践教育"场"，使劳动教育的潜在功能得到充分发挥，为学生的终身发展奠定坚实的基础。

三、让每个学生都成为"大写的人"

加强德育课程建设是中营小学落实立德树人根本任务的关键环节。多年来，中营小学坚持以"发掘学生潜能，培育时代新人"为办学理念，以四字校训为文化引领，以培养"勤朴敏健"中营人为办学目标，加强学校德育课程建设，积极发展素质教育，培养学生核心素养，落实立德树人根本任务。

通过不断完善、创新，目前，中营小学的课程建设涵盖校园文化课程、实践课程以及楷模德育课程。同时，学校在德育课程中还积极倡导导学教育，建设与实施过程中，强调教师在与学生的交往互动中，要充分发挥主导作用，积极引导学生实现主动学习和全面发展。

德育是学校教育的有机组成部分，德育课程在学校课程框架中占据重要位置。学校遵循"发掘学生潜能，培育时代新人"的办学理念，以国家和我市教育政策为指引，以导学教育思想为指导，以科学的课程和教学理论为依据，以提升德育课程的引领性、教育性和实效性为宗旨，突出德育课程建设的时代性和前瞻性，结合学校自身德育课程资源优势，确立了"传承百年文化，秉承办学理念，铭记校训精神，促进学生发展"的德育课程建设思路。

学校确立了养成良好道德素质，促进学生生命成长，实现学生全面发展的德育课程培养目标。从某种意义上说，课程实施的成效决定着学生培养目标的达成度。学校以课程建设总体思路为指针，高度重视课程实施环节的落地、落实，通过对教材的处理与开发、活动的设计与实践、资源的挖掘与整合等多种途径和方式，全力保障学生培养目标真正得以实现。

在理念层面，学校秉持"经验即课程"的德育课程理念。笔者认为，学习始于经验，个体的道德成长必须以个体的道德经验为参照，并与个体的生活发生紧密的联系。德育课程的目的就是引导学生通过社会活动，在与人、自然和社会的互动交往过程中，不断发现自己、认识自己和提升自己的道德素养。

在实践层面，德育课程的实践与学校各学科的教学改革是一脉相承的。学校的学科教学改革先后经历了从"导学式"教学法到"导学式"课堂教学模式的变革，再到"勤朴教育"课程的探索，并进一步推向"勤朴教育"的学校特色的形成。"勤朴教育"德育课程的理念与实践，是学校形成"勤朴教育"特色的一个重要组成部分。

"勤朴教育"德育课程的内容主要包括两类：

一类是校内教育课程。主要包括习惯养成教育课程、心理健康教育课程、法治教育课程、安全教育课程、楷模教育课程、校园文化教育课程等。校内教育课程主要以活动课程为主，它较为集中地体现了学校德育课程的特点。

二类是校外实践课程。主要包括社会实践课程、义工体验课程、国际理解教育课程等。校外实践课程主要以自主参与、自主体验为主，是对校内课程的丰富和拓展，更加突出学生的主动参与、自我体验和自我实践，让学生在各类实践活动中受到自我教育，得到自主发展，展示个人才华，体验成功快乐！

这里，笔者还要特别介绍一下学校的"楷模德育课程"。作为百年老校，中营注重榜样教育，引导学生从小有理想、有追求、有信念，用榜样的力量引导学生做新时代的建设者和接班人。

学校的"楷模德育课程"重点研究行为习惯的养成，以周恩来总理为人生楷模，引导学生们从生活中的点滴小事做起，向周总理学习。在"以周恩来为人生楷模，践行社会主义核心价值观"活动的引领下，培养学生良好的行为习惯与品德修养。了解恩来，讲读故事；走近恩来，寻访足迹；学做恩来，关心他人；践行恩来，服务社会。周恩来总理的光辉形象、伟大事迹和为人民服务的精神，都在学生们的心中扎下了根，引导学生们争做文明有礼的中营学子。认真组织好学生行为规范训练周活动，强化养成教育，以"养成好习惯，成长乐无限"为主题开展系列教育活动。通过"学、看、议、查、评、做"掀起"争做勤朴敏健中营人"的热潮，一系列教育活动培养了学生的责任心，也让学生形成了自我管理意识，增强了社会责任感和使命感。"从中营走出的孩子都是充满正能量的阳光灿烂学生。"这是学校周围许多老百姓的共识。

第三节　深化

　　德育课程要想实现自身的教育目标，就要贴近学生实际，以生活为基础、目标为引导、兴趣为前提、内容为依托、活动为载体，让学生在知识学习中感悟生活，在潜移默化中陶冶情操。让每个学生在活动中，都能感受到参与的乐趣，都能拥有自我展示的舞台，让每个人的个性和才能都能得到最大限度的发展和张扬，这样的德育才是学生需要的德育，才是最有魅力的德育。

　　多年的教育教学经验告诉笔者，走进学生生活，生动、创新、开放地创建有魅力、有实效的德育课程，才是为每个学生的全面发展提供最适合的教育，为每个学生的个性培养提供最有特色的教育。而让德育课程"落地"，才能让课程真正发挥其独有的功效。

一、知书达理，知行合一

　　在咸阳路小学时，平日的教学工作中，学校严格落实小学生习惯养成教育的各项内容，引导学生们从细节做起，从我做起，一丝不苟。

　　1.学会倾听的习惯

　　（1）上课不做小动作，不玩玩具及学习用品，不做与学习无关的事。

　　（2）认真倾听其他同学发言，看他们发言是否正确，有没有需要补充的。

　　（3）要倾听老师讲解，并按要求认真练习。

　　2.善于思考的习惯

　　（1）上课专心听讲，认真思考，积极发言。

　　（2）善于发现，大胆发表自己的见解，对不懂的问题要主动向教师请教。

　　（3）课前预习知识，不明白的问题提前做好标记。

3. 敢于提问的习惯

（1）勤于思考，敢于质疑，与人交流，不怕说错。

（2）发言时，站得直，口齿清，讲普通话，声音要洪亮。

4. 与人合作的习惯

（1）主动和同学、老师合作，学会表达自己的观点和见解，共同解决问题。

（2）与同学交流时，要尊重别人的意见和观点。

5. 自主读书的习惯

（1）养成边读边想、圈点勾画、写读书笔记的良好习惯，注重知识的积累。

（2）乐于读书，愿意和书交朋友，养成阅读的好习惯。

（3）不阅读不健康书籍，不看不健康光盘，不浏览不健康网站。

（4）爱护书籍，不在公用书籍上乱写乱画。

6. 认真书写的习惯

（1）读写姿势端正，会正确执笔，认真做到"三个 "——眼离书本一尺，胸离桌子一拳头，执笔处离笔尖一寸。

（2）书写端正大方，保持卷面洁净，不乱用涂改液和修正纸。文字和符号都要规范，格式要美观。

7. 自评互评的习惯

在学习过程中，要逐渐让学生成为评价的主体，让学生学会激励性的评价，既会评价自己，又会评价别人。

8. 搜集资料的习惯

（1）能利用查阅图书、上网浏览、实地考察、走访调查等渠道主动搜集与学习相关的材料，拓宽自己的知识面。

（2）对搜集的各种资料能进行分析、归类、整合。

9. 动手操作的习惯

学生能独立完成教科书上所要求的各类操作实验，操作步骤正确。

10. 按时完成作业的习惯

（1）能复习巩固当天所学的知识，认真完成并细心检查作业。

（2）注意运用所学知识解决实际问题，培养自己的各种能力。

不仅是在学校的一言一行要文明有礼，学校更要引导学生做一个有爱心的人。学校开展的"尊老爱老"教育活动，从多方面入手，让德育真正走进学生心里，落到实际生活中。

首先，坚持课内外教育相结合，继承传统美德。

根据课程标准的要求，在思品课、语文课等课程的教学过程中，教师针对教材的内容，结合学生的实际对学生进行敬老、爱老的教育。教材中一个个生动典型的事例，为学生们树立了学习的榜样，教师精心备课，自制幻灯片，在课堂上利用多媒体教学手段，激发学生的学习兴趣，组织学生讨论，使学生明辨是非，达到明理、导行的教育目的，也充分发挥了学生的主体作用。同学们访问自己的长辈，了解老人坎坷的一生、辛劳的一生，从而懂得了要孝敬长辈。为了巩固教育的成果，学校开展了"我为长辈献爱心"等系列活动，要求同学们做到四个"一"：即为长辈送去一句问候，为长辈敬一杯茶，为长辈做一件好事，改正自己的一个缺点。在与家长的联系卡中学校了解到，孩子在家中非常尊重老人，学会了关心他人。同学们不仅尊敬自己的老人，而且懂得了关心照顾身边有困难的老人。六年（3）班的假日小队坚持三年到军烈属家中慰问，给老人收拾房间，为老人表演节目，给老人带来无限的快乐，军烈属多次给学校送来了感谢信。该小队被评为市级优秀雏鹰假日小队。像这样自发形成的慰问军烈属、孤老户的假日小队还有很多。据统计，有 12 支假日小队帮助照顾 15 位老人，得到了社会的赞扬。同时，学校还先后请到战士作家——学校名誉校长高玉宝、"雷锋班"第十八任副班长李有宝、老山前线英雄孙长亭等英模人物现身说法，收到了很好的教育效果。

其次，开展实践活动，提高学生素质。

实践活动是学生进行自我教育的过程，是学生的素质不断提高、教育步入良性循环的轨道。针对当前孩子们的心理特征，自 1993 年开始，学校与天津市养老院开展了"与孤寡老人共享幸福——'一对一'认亲"活动，先后有百余位老人认了"孙子和孙女"，学生参与活动的共计三批 120 余人。开展这次活动的目的就是要增强孩子们的社会责任感，培养他们的爱心，帮助他们树立"心中有他人，一切为他人"的意识。在活动中，学生们继承了中华民族敬老爱老的传统美德，培养了自我管理能力，锻炼了克服困难的意志，丰富了真情实感，取得了自我教育、自我学习、自我管理的教育效果。

学生们在为老人的服务中锻炼了技能，增进了情感。学校每半月组织学生到养老院看望一次老人，学生利用双休日和家长去养老院。他们用平时积攒的零用钱给爷爷奶奶们买去各种食品，还为老人做力所能及的服务劳动，比如打扫房间、擦玻璃、整理被褥、为老人剪指甲、梳头、倒脏水、洗衣服等。学生们的到来为老人们带来了欢乐，欢声笑语洋溢在各个房间。学校还适时组织学生开展有意义的活动，召开了"春天般的温暖"主题中队会，邀请老人参加并请老人介绍自己的亲身经历。通过新旧社会的对比，同学们懂得了只有社会主义的中国才会使孤寡老人过上幸福的生活，从而受到了爱国主义教育。八月十五中秋夜是团圆的日子，也是老人们感到孤独的时候，学校的领导、教师、同学以及家长放弃了自家的团圆，来到养老院与老人共同过节。有的同学带着月饼，有的同学端着老人爱吃的饭菜，有的同学给老人拿来了鸡蛋、奶粉等营养品，老人激动得热泪盈眶。每年的"九九重阳节"，学生们都精心编排节目为老人演出，同时还举行消夏纳凉品果晚会，为多位老人集体过生日，从而加深了与老人们之间的感情。

二、教学生一天，想学生一生

五马路小学曾被评为全国劳动教育先进校。多年来，学校始终坚持开展劳动教育，逐步形成了"以劳辅德，以劳增智，以劳强体，以劳益美"的劳动教育特色。"十一五"期间，学校承担了国家级科研课题《构建家校和谐德育，培养学生劳动习惯》，连续被评为全国德育科研先进单位。学校的主要做法是将劳动教育与班队会、劳技课、校本课、家庭和社区结合，形成了以"热爱劳动为荣，好逸恶劳为耻"的校园氛围。

（一）打造精品师资

教育事业发展的核心是教育思想，关键在教师。首先，建设一支理论水平高，善于管理和指导劳动教育的干部队伍。其次，建设一支热衷劳动教育实践的教师队伍。我们将通过自学、集体学、聘请专家讲学，提高教师理论水平，增强自觉从事劳动教育工作的责任感；通过劳动教育实践研究，指导劳动教育活动，提高教师开展劳动教育的实践能力；通过课题引领、积累总结推广经验，打造一支骨干教师队伍。最后，通过请进来、走出去等方式，建设一支热心从事劳动教育的社会志愿者队伍。

（二）打造精品课堂

以课堂为主渠道，深化劳技课的实践与研究，正确处理教师主导与学生主体的关系，让学生自己动脑、动手，创造劳动成果。加强劳技学科的教学管理与校本研修，制定校本劳技课程纲要、课程实施计划，编写1-6年级劳技教材及相应教辅资料，并进行教材试用。同时，学校还将建立激励性评价机制，调动教师及社会各界人士从事劳动教育和学生参与劳动教育活动的积极性、主动性和创造性。

（三）打造精品活动

积极开展学生喜闻乐见、丰富多彩的精品活动，让学生在活动中比拼劳动技能、体验劳动快乐、畅谈劳动体会、展示劳动成果，增长劳动技能和创新能力，得到自我教育、自我锻炼、自主发展。

（四）打造精品基地

大力开发五马路劳动教育基地：它是融于学军、学农、学工、学科学等为一体的多功能综合性素质教育基地。将劳动基地活动呈现课表化，使之成为德育校本课程。活动内容主要有劳动技术实践、军事训练和社会考察实践等，充分发挥本校劳动教育优势，体现"教学生一天，想学生一生"的办学思想。

学军课程实施的主要内容有单个队列动作训练、内务卫生、作风纪律等，目的就是培养学生的国防意识，增强爱国主义观念，培养学生严明的纪律和团结合作的精神，培养学生自信、自强和坚忍、顽强、勇攀高峰的精神品质。

劳动技术实践课程主要包括学农劳动（松土锄草，蔬菜种植，花木管理，家禽养殖等）、工艺劳动（制作衣架、绣十字绣、制作风筝、制作贴画等）、生活劳动（缝制纽扣、帮厨、洗衣服、打扫卫生等）。劳动，使学生们体味到劳动的艰苦、生活的艰辛，增强了对劳动人民对父母的感情，更加珍爱生活、珍惜劳动成果，同学之间、师生之间的情谊也得到了升华。

社会考察实践课程主要包括参观革命历史纪念馆（如去周恩来邓颖超纪念馆做义务小讲解员），开展"献爱心，送温暖"活动（到天津市福利院、养老院、梦工厂、武警6中队、消防9中队等进行劳动服务），远足考察长虹公园、南开公园、意式风情街等（寻求变迁史、当一日小义工环保小卫士）。

学生们凭借这些"平台"，可缅怀革命先烈，了解革命历史，可以通过实地考察，义务服务实践，不仅磨炼了意志品质，还展示了时代风采，品尝了成功的喜悦，培养了主人翁责任感，培养了勇于承担社会责任的意识，学会了保护环境、关爱他人。

总之，学校在不断实践中，培养了学生的劳动习惯，训练了学生的劳动技能和开拓创新能力，促进了学生的个性发展，为学生的成长、成才、成人打下了坚实的基础。

三、榜样力量引领，做新时代英才

教育无处不在，教育无时不在。所以，中营小学注重挖掘身边的楷模，用榜样的力量引导学生形成满满的正能量。学校德育课程的实践遵循全面、全方位、全覆盖的原则，我以下面三个课程的实施为例进行阐述。

（一）落实校园文化课程

校园文化课程的实施，以校史馆为中心，重在挖掘校训、校史、历任校长和优秀教师、优秀学生的文化价值，发挥其文化育人的功能。

1. 校训文化

1906 年，刘宝慈先生在天津老城厢创建了中营小学。建校伊始，学校就提出了"勤朴敏健"四字校训，这四字校训凝聚了中华民族的传统美德，体现了学校育人的终极目标，在一代又一代中营人身上传承延续，并不断发扬光大，历久弥新，成为学校全面育人的辐射源，成为素质教育的能量库，成为一部无声的教科书。每周一升旗仪式中全校师生都要振臂高呼催人奋进的校训。

2．校史文化

校史馆是学校形象的文化名片，是激励师生共同成长的文化土壤，是落实立德树人根本目标的主阵地，它浓缩了学校百年发展的光荣历程，展示了积淀深厚的学校文化。中营小学校史陈列馆占地 113.89 平方米，设有四间展室，每一间展室呈现的物品都见证了学校百年的历史和辉煌，同学们在争做小讲解员中了解学校发展历史，感受了中营文化的熏陶。

3．校长和教师文化

百年来，在十五任校长的领导下，中营小学得到了发展壮大，形成了一支师德高尚、专业精进的教师队伍，涌现出像胡定九、许大本、张淑英、靳家彦、杜蕴珍等一批全国名师，他们为中营学校文化注入了新的活力和绚丽色彩，成为引领和推进学校教育改革和发展的一支生力军。在寻访校友足迹活动中，戏剧家焦菊隐、书法家龚望、医学家朱宪彝等校友都是同学们争相学习的优秀代表。

校史馆的朴素典雅深深吸引着各界人士，校史馆是实施素质教育的重要基地，是创建文明校园的有效载体：在每学年新一年级"筑梦启航"开学典礼活动中，安排学生和家长参观校史馆，了解学校发展历史，增强学生的光荣感和自豪感；在每届六年级"童年感恩启航"毕业典礼中，组织学生和家长走进校史馆重温学校历史，鼓励学生继承传统，为校争光，在"勤朴敏健"的中营精神指导下创造新的辉煌，感染身边的人，扩大校园文化课程的感染力。

（二）落实"心中有楷模身边有榜样"楷模德育课程

中营小学从 1963 年坚持开展学雷锋活动，至今已有 50 余年的历史。雷锋精神已扎根于美丽的中营园，学雷锋活动成为引导师生自觉培育社会主义核心价值观的有效途径。

1. 与雷锋班书信往来，传递雷锋精神

从 20 世纪 60 年代起，学校就开始了与雷锋班的书信往来。半个多世纪，这一传统的联络方式在中营小学和雷锋班之间始终延续。

2. 召开主题班会，感受雷锋精神

阅读一本书籍，诵读一条格言，观看一部电影，成为中营小学班会课的主旋律，让学生走进雷锋，读懂雷锋。

3. 参加夏令营活动，体验雷锋精神

雷锋纪念馆、雷锋生前所在部队、雷锋大道、雷锋辅导过的学生、雷锋生前的战友等，这些鲜活、宝贵的教育资源把学雷锋活动引向深入，把英雄模范的伟大精神融入学生的思想道德之中。

4. 组织辩论会，传承雷锋精神

学校以"新的世纪，我们是否还需要艰苦朴素的精神"为主题召开辩论会，使学生明白虽然人们的物质生活水平有了巨大的提升，还应倡导适度消费，因为节约资源、艰苦朴素的精神是任何年代都不能丢掉的。

5. 开发校本课程，将学雷锋活动课程化

我们结合校情、学情，开发了学雷锋校本课程《永远的丰碑》。通过知雷锋、忆雷锋、找雷锋、悟雷锋、赞雷锋、做雷锋，将雷锋精神教育真正落到实处。

6. 在社区活动中弘扬雷锋精神

学校充分利用资源，与五马路消防支队、南开区检察院、南开区司法局、南马路交通支队、903 公交车队、天津市儿童福利院、天津市第一养老院、太阳村等 12 个单位签订协议，建立了中营小学学雷锋基地。以实践基地为依托，开展不同主题的社会实践活动。

在"以周恩来为人生楷模"的教育中，学校制定了《中营小学"周恩来班"和南开学子创建活动方案》《中营小学"以周恩来为人生楷模做优秀南开学子"主题教育系列活动实施方案》，针对不同年级学生实际设定有针对性的教育目标、教育内容和教育策略，通过课程引领、活动深化、实践提升三个步骤加以落实。

学校开发了"鸢翔宇内"校本课程，旨在以周恩来精神为引领，培养学生高尚的道德情操和务实奋进的生活作风。学校把周恩来总理的生平事迹、人生足迹、求学经历等大量资料，以适合学生学习的方式，编入课程资源，引导同学们了解恩来，讲读故事；走近恩来，寻访足迹；学做恩来，关心他人；践行恩来，服务社会。与此同时，学校组织学生参观周总理青年时期在津活动遗址，以寻访其足迹；听、讲、看周总理故事，以追忆其感人事迹；抄写周总理诗词、名言，以感受其优秀品质。

（三）落实良好习惯养成教育实践课程

实施南开学子形象养成工程。制定《中营小学学生在校一日生活规范》，围绕 60 个好习惯的养成，组织全校教师、学生和家长进行学习，引导和督促学生在日常生活和学习中培养良好的行为习惯。开展"教育就要培养习惯"主题系列家长学校讲座，传播科学教育方法。开展"养成好习惯，成长乐无限"评比活动，通过"讲、树、做、展、评"五个环节，树立典型、宣传典型，落实学生良好行为习惯的养成教育。在学生良好习惯养成教育过程中，学校更加强调以班主任为核心的教师集体管理班级的机制落实，更加注重家校教育的有机结合，形成家校教育合力，使教育活动更深入、更有实效。

第四节　显效

"十年树木，百年树人。"教育作为一项系统工程，已有千百年的历史。德育作为小学教育的重点内容，若要在新时代达到新课程标准的要求，或许还有较长的路要走。但是贴近学生生活的德育课程，以指导学生"学会做人、学会学习、学会生活"为目标，实施"自主参与"的德育模式，始终赢得了学生的喜爱、家长的认可以及社会各界的交口称赞。

一、让每个孩子成才，先成人

咸阳路小学开展的尊老爱老活动得到社会的广泛关注并给予高度评价。天津电视台《枫叶正红》《生活快车》《太阳帆》节目、中央电视台新闻节目相继进行了报道，《天津日报》《今晚报》曾多次报道了学校的认亲活动，市养老院被评为市级优秀雏鹰行动基地，高玉宝来校与师生共度儿童节的活动先后在天津电视台的《太阳帆》《生活快车》《天津日报》《老年时报》《南开报》等进行了报道。

不是为了荣誉，不是为了宣传，关键是敬老爱老活动取得了一定的教育效果，对孩子们健康成长和健全人格的形成起到了促进作用。据天津市养老院时任院党委书记反映，开展活动八年来，老人的"三率"明显降低，即死亡率降低、矛盾率降低、向领导要吃要喝、发牢骚的降低。学生们也发生了可喜的变化：同学之间互相攀比的少了，与老人顶嘴的少了，乱花零用钱的少了。家长们普遍反映，孩子们在家也变得勤快懂事了，收拾房间、学做饭菜，更孝敬自己的长辈了。父母生病时能主动照顾，让父母安心养病。同学们更懂得了奉献后的快乐。学生冀翔在看望养老院的奶奶时发现老人的手干裂了，第二天双休日她走了20分钟到光辉药店买了一盒冻疮药，连家都没回，赶紧跑到养老院，用细嫩的小手轻轻地为老人敷药，还不时用嘴吹吹，生怕老人疼。老人抚摸着冀翔的头说："这真比我的亲孙女还亲呐！"1999 年过，她用平时积攒的五十多元钱给老人买了一个拐杖。孙玉同学在和老人聊天时得知奶奶冬天胃不好，她问妈妈这是怎么回事，原来老人冬天一着凉肠胃就不好，于是双休日和妈妈一起到劝业场，花了 70 多元钱给老人买来一件棉坎肩，老人穿上时真感到心里热乎乎的。学生李圆看到奶奶的牙掉了，吃东西比较困难，于是她把花生剥掉皮，用擀面杖压成粉，把苹果弄成苹果酱给老人送去。李圆同学毕业后，她还多次到养老院看望病危中的奶奶，老人微笑着离开了人间。

孙金铂同学在养老院认了一个爷爷已经 83 岁了。一次，他在同爷爷的谈话中无意间发现了老人的布鞋上破了一个窟窿，他想老人穿这样的鞋走路一定不舒服，鞋里进沙子会硌脚，问爷爷穿多大号的鞋，爷爷告诉他是穿 39 号的，他怕买鞋不合适，于是趁爷爷不注意，在地上放了一张白纸，扶着爷爷到外面走走，爷爷的脚正好踩在白纸上，他趁机把纸拿到外面，用铅笔画了清晰的轮廓，放进口袋里。星期六，他拿着剪好的鞋样和爸爸骑车半个多小时到"老美华"鞋店为爷爷买了一双合适的布鞋。当老人穿上"孙子"精心挑选的新布鞋时，热泪盈眶，紧紧地把他搂在怀里，嘴里不住地叨念："真是我的好孙子！"时间一长，他的父母也参与到活动中来。有一次是老人的生日，孙金铂一家把老人接到家里，生日宴会上，全家共同举杯，祝爷爷生日快乐、健康长寿。他的妈妈对老人说："您一生无儿无女，我们就是您的儿女，孙金铂就是您的亲孙子。"老人用颤抖的手端起酒杯，激动得哭了，四双手紧紧地握在了一起……

孩子们的真情感动了老人，老人们也用各种方式表达对"孙子、孙女"的疼爱。周颖认的奶奶已经年过古稀，做一手好针线活。平时周颖每次去看望奶奶总是带去精心准备的礼物，问寒问暖，有几天不去，奶奶总是翻看着和孙女的合影照片。周颖生日那天，一家三口来到养老院，去接奶奶一起回"家"团聚。奶奶拉着周颖的手，从怀里拿出一个车鞍套和一个坐垫，送给她作为生日礼物。当周颖听工作人员说这是奶奶托他们买来的布料，花了好几天的时间亲手缝制的时候，按捺不住心中的激动心情，扑到奶奶怀里……

同时，此项活动也得到家长们的大力支持。家长们认为这项活动开展得非常有意义，也积极主动地参加到活动中来。有的家长请假和孩子们一起到养老院看望老人。每逢春节，家长们把第一锅煮好的饺子放进饭盒用毛巾裹好送到老人那里，让老人吃上了热腾腾的新年饺子。平时舍不得给孩子买的新鲜水果，也给老人带去。赵箐全家经常到养老院看望老人，她的爸爸用车推着老人到自己家过节。张林的妈妈是残疾人，她也由张林的爸爸背着上下楼到养老院看望爷爷。王维的父母临走时悄悄地为老人留下 50 元钱。李洪涛的妈妈每月按时给老人理发。八月十五中秋夜，孙金铂的爸爸亲自开车接老人回家，吃饭后全家人去天塔游览，使老人度过了一个难忘的中秋节。八年来，先后有 30 多位老人被接到孩子家中，有 18 个家庭为老人庆祝过生日。学生自开展此项活动以来，为老人送去生活用品、纪念品、衣物总计 5000 余元。

二、让每个孩子扬起"热爱生活"之帆

五马路小学开展劳动教育的成功实践证明：学校的办学理念作为指导学校工作的核心，落实在劳动教育及教育活动中，并内化为全体教师的自觉行动，逐渐形成一种学校文化，最终形成了学校的办学特色，让学校处处散发着光彩。

（一）以劳辅德

通过对比验证，劳动教育使学生的道德品质得到了提升，劳动教育不仅培养了学生的劳动技能和劳动观点，而且对培养学生良好的品德行为起着至关重要的作用。劳动教育增强了学生文明劳动的自觉性、主动性。劳动中打闹的现象少了；增强了劳动安全意识，在家主动做家务的多了；在校坚持做值日，自觉为班级、为同学服务的现象多了；在社区参与公益劳动，热心帮助老弱病残，做力所能及的劳动，活跃在社区的小义工多了……乐于助人的好人好事层出不穷。劳动教育培养了学生的劳动习惯，磨炼了学生的意志，增强了学生的社会责任感。连续有穆宇航、任雷洁等多名学生被评为"天津市学雷锋，树美德"先进个人。学校也被评为"天津市德育先进校""天津市行为规范示范校"。

（二）以劳增智

劳动习惯的培养，促进了学生的智力发展。学生在劳动教育实践中，丰富了劳动知识，掌握了劳动技能，拓宽了视野，开发了智力，学到了书本上学不到的知识。学生们通过劳动实践写出的日记和劳动征文，篇篇有内容、中心突出，真实生动，提高了写作水平。同时，劳动教育的多样性、实践性，促进了学生的求知欲望，提高了学生的观察力、想象力、思维力等，促进了学生智力品质的迅速发展。连续多年来，学校在市、区科技活动中所取得的成绩就说明了这一点。

在天津市青少年科技创新大赛机器人制作活动中，王一臣、张津瑞获市级二等奖，高文龙、冯博旭等 7 名同学获三等奖；天津市青少年科技创新大赛活动中，朱作良的《保护家园——抵制不可降解塑料袋使用的调查报告》获市级一等奖，李卓霖的"家用中水处理"获市级二等奖，李颉的"二极管极性及好坏测试电路"，甘睿的"光控路灯"，陈铭喆的"家用三通阀门导流转换节水装置"，徐嘉懿的"种植秋大豆好初探"，胡雨杉的"人或动物的生存与植物的关系"均获市级三等奖，王贺楠的科幻画《人与动物和谐相处》获市级一等奖，张之鸥的"电子食物识别器"获市级三等奖。近两年科幻画 7 人分获市一、二、三等奖。南开区模型比赛 2 人获一等奖，6 人获二等奖，13 人获三等奖。数十名同学被认定为科技特长生，还有多名同学被认定为科技尖子生。学校获得 2010 年"天津市科技创新优秀组织奖""天津市中小学模型教育活动开展活动先进单位"及"2009 年度模型竞赛团体一等奖"。学校还连续被命名为"天津市青少年科技活动先进校"。

（三）以劳健体

学生参加劳动实践的过程也是健身强体的过程，尤其目前学生大部分是独生子女，他们娇生惯养、怕苦怕累、心理脆弱，通过劳动，磨炼了意志，增强了毅力，强健了体魄，学校的体育达标率和获奖情况均有提高。学校乒乓球队的小队员们，经过刻苦训练，在市、区比赛中一直均名列前茅。2009 年，学校被评为"天津市阳光体育先进校"。

（四）以劳益美

劳动创造美。学生们在丰富多彩的劳动实践中使自己的兴趣爱好和个性特长得到了发挥，培养了审美情趣，激发了创造美的欲望。学校培养了一大批艺术特长生，他们被重点中学优先录取。劳动教育同时促进了学校艺术教育的发展，学校舞蹈《妞妞娃娃闹新春》《摇奶呓语》等在市文艺展演中获二等奖。

总之，劳动习惯的培养，促进了学校、家庭、社区三结合教育，使之形成合力，调动了家庭和社会力量共同参与劳动教育，促进了学生各方面和谐发展。很多家长来校反映孩子在家中的可喜变化，其中一位爷爷给学校来信，信中写道："小孙女来我家小住几日，孩子的变化令全家惊喜，孩子主动写作业、收拾房间、叠被、收拾碗筷、洗漱自理。看到孩子可喜的变化，我们高兴极了。学校从小培养当今娇惯的独生子女爱劳动，为其今后自食其力的生活打下了基础，实在是个好方法。"劳动习惯的培养使学生更加明确爱护环境、关心他人、孝敬长辈、爱惜粮食等是做人的本分，提高了学生自主参与劳动的自觉性，可见，以劳动教育为突破口，加强了学生的思想道德建设，促进了学生的全面发展，使学生为今后人生奠定了坚实的基础。

三、让每个孩子成为更好的自己

中营小学学雷锋教育活动历经 50 余年，现已形成了学雷锋教育系列化、学雷锋课程校本化、学雷锋活动常态化这一鲜明特色。一个个"小雷锋"在中营校园成长，一大批雷锋式的先进集体和模范人物不断涌现。学校被授予全国百所德育示范校、天津市德育工作先进学校等多个荣誉称号。学校有教师标兵数百人次、学生标兵千余人受到表彰，25 个班级被评为校级雷锋班，多位优秀学子和班级做典型经验介绍。如今，传承雷锋精神成为"中营人"的一种自觉和担当，已经成为"中营人"的一个鲜明的文化符号，也必将对每一个"中营人"的生命成长产生深远的影响。

学校将周恩来总理在对国家、人民的朴素情感中、在对事业的不懈追求中、在对生活的乐观态度中、在对同志、朋友的真挚友情中、在对亲人纯真质朴的关爱中所显现的"爱国、敬业、诚信、友善"等核心价值观提炼出来，通过对人物的认识、对事迹的学习、对精神的理解和对思想的升华，使社会主义核心价值观内植于心、外化于行，从而提升学生的核心素养。近年来，我校在学习楷模精神的教育活动中取得了一定成效，市文明办、文明网为学校授旗《热心公益服务社会惟宏隆德情系教育》。

为了进一步调动广大教师投身课程建设与实施的积极性，学校还建立了"讲方法、树典型、做示范、展成果、奖先进"的激励机制。奖励在课程建设与实施过程中涌现出的优秀师生，并为教师支付课程资源制作费用、为学生支付参加各类体验活动费用等。

在严格落实课程建设、实施和管理等各项制度基础上，学校进一步完善了课程评价制度，制定了学生综合素质评价系统。该评价系统具有以下特点：

一是综合性。在德育板块方面，包括学生的思想品德、良好行为习惯、参与实践活动、人际交往等评价内容。

二是多元性。从评价方式上看，包括个人评价、小组评价、家长评价、教师评价和综合评价五个方面；从评价的呈现方式上看，有标准化测试、个人感言和参加活动的获奖作品或证书及测试结果的图表等。

三是开放性。评价结果向全体教师、学生及家长公开。评价结果按照不同的权限，采取点对点公开的方式。学校管理者可以看到全校学生的评价结果，年级组长和学科组长可以看到本年级和本年级学科的评价结果，班主任和学科教师可以看到本班学生的评价结果，学生及家长只能看到本人的评价结果。学校管理者、教师、学生及家长把评价结果作为调控教学管理、调整教学方式和指导学生学习的重要依据。

四是增值性。如果学生对自己在标准化测试中所得结果不满意，可以选择再测，直至完全掌握；如果学生对自己其他方面的测试结果（学业水平测试除外）不满意，可以向教师申请重新测试，直至自己满意为止。

五是过程性。整体评价系统记录了每一位学生成长和学习的轨迹，对于其一生的成长具有一定的指导意义。

学校德育课程建设日益完善，学校的精神面貌也发生了明显的改变。广大教师的敬业精神、钻研精神、创新精神进一步增强，专业素质得到进一步提升；学生自主学习、自主探究、自主合作的意识不断增强；家长参与学校课程建设与实施的积极性不断增强；学校与社区、家长和社会各界的联系更加紧密，既得到社会的广泛支持，又进一步扩大了学校的社会影响力。

每走过一所学校，每用崭新的教育理念去改变一所学校……看着孩子们一张张笑脸，看着孩子们一天天的成长变化，看着家长表达着由衷的感谢之情，作为一名教育工作者，我时常在想：在德育课程研究的道路上永远没有止境、没有终点，不能停步，我们只有不断去开辟、去创新、去耕耘、去尝试，学校的德育工作才能真正走出平庸，呈现五彩缤纷的新成效；学校的德育工作才能真正走出模式化，走进学生的心里，并在学生的心里生根发芽、开花结果。

第五章

德育课程的积极影响

第一节　德育课程对名校长工作室成员的辐射与影响

立德树人是教育的根本任务。习近平总书记在主持召开学校思想政治理论课教师座谈会时强调，办好思想政治理论课，最根本的是要全面贯彻党的教育方针，解决好培养什么人、怎样培养人、为谁培养人这个根本问题。为深入贯彻党的十九大精神，落实立德树人根本任务，名校长工作室以习近平新时代中国特色社会主义思想为指导，以"突出主体性，促进自主发展；突出合作性，促进共同发展；突出研究性，实现成果引领"为指导方针，以"学习创新促发展，模范辐射创特色"为工作理念，按照新时代新要求，把握德育工作新特点，创建德育工作新机制，涵养德育工作新生态，成就德育工作新作为。

名校长工作室以教学实践中的问题为研究对象，充分发挥名校长工作室的示范、引领和辐射作用，通过"理论学习""专家引领""考察观摩""交流探讨""课题研究""个人自学"等内容多样、形式丰富的培养方法，培养成员校在办学过程中形成自己的特色意识和品牌意识，取得了一大批具有鲜明时代特色和区本价值校本意义的德育工作新成果，促进了我市义务教育均衡发展。

一、理论学习

围绕名校长工作室确立德育研究课题，成员校教师每天学习1小时，每学期必须深入研读1本以上德育理论专著，坚持写读书笔记和反思，每月一次读书交流（包括在线交流）等。通过德育教学理论知识的学习，提升工作室成员校教师的专业素质，增强工作室成员校教师的专业意识。通过在培训过程中开展基本理论著作的解析、专题报告等，促使成员校教师在先进教育思想的引领下，办出有真正意义的德育特色课程，成为新时代的德育名家。

二、专家引领

在工作室学习过程中，工作室还将邀请全国、全市名校长工作室指导中心教育专家为工作室学员讲课，内容紧密围绕"养成良好习惯，打好德育根基""打造有特色、有品位的德育课程"等德育课题。教育专家们站在理论研究的高度结合实践操作的经验，能给予工作室学员既高瞻远瞩又不失现实意义的引领指导，使学员们能深刻认识到德育课程与特色教育、品牌教育的关系。

三、考察观摩

通过考察观摩活动，学员们提升了将理论转化为行动的自觉意识。学员们走访各类学校，考察不同情况，就是在为自己的学校寻找新的生命力。通过考察观摩，成员校教师们实地感受知名学校的办学思想、办学理念以及德育特色，切实领悟各类德育课程的内涵。

四、交流讨论

在每次"理论指导""专家讲座"或"考察观摩"后，要适时安排一些相对宽松的交流讨论时间（包括网络在线交流），使工作室成员校教师能在接受大量的信息后第一时间进行梳理、消化、扬弃，并相互交换所思所想，使得"理论指导""专家讲座""考察观摩"得以在第一时间发挥其价值。

五、课题研究

工作室将以研究课题为抓手、以研究成果为标志，要求成员校根据自己学校的德育特色与特点开展德育课题研究，进一步提高各学校的科研水平和理论素养，进而使各学校在德育管理水平和专业能力等方面均踏上一个新的台阶，向着专业化、特色化发展。

六、个人自学

工作室倡导各成员校教师在工作之余根据自身实际情况有目的、有步骤、有计划地开展个人自学，自学内容以经典德育理论著作、教育教学著作等为主。在日常生活中养成经常学习的良好习惯，不断与时俱进，更新自己的知识结构，扩展自己的知识范围。

在名校长工作室的指引下，各学校密切配合、迅速成长，秉承"资源共享、智慧共融、提升自我、形成特色"的工作思路，以集中理论研修、跟岗学习、在线交流和学习效果展示等培训方式，努力使工作室真正成为研究的平台、成长的阶梯、辐射的中心，达到"促进自主研究、促进共同发展、促进成果转化"的目标。同时，各学校不断创新发展、不断推陈出新，结合各学校德育课程建设的特点，多角度、多维度开展学生思想政治教育，让德育课程不仅在课堂上，更行走在广阔天地间，体现在学习与生活的时时处处，更营造出团结合作、现代高效、和谐融洽的校园文化氛围。

天津市河北区宁园小学校长张弘认为，通过名校长工作室系列活动，学校的德育课程渐渐明晰，德育理念逐渐完善，教师队伍更得到长足发展。如今，学校将课程建设作为学生核心素养培育的载体，从实际情况与办学特色出发，着眼于促进学生习惯的养成和人的全面发展，促进教师教育教学水平的提高，促进学校整体育人质量的提升，探索国家课程、学校课程、实践课程的有效整合，建设出生本化、特色化的养成教育课程体系。实践中，学校发现仅利用国家课程进行习惯的培养，还很不全面、很不系统，学生也很难有清晰深入的认知，教育效果自然一般。为落实立德树人的根本任务，提高习惯养成教育的实效，秉承关注学生、适合学生、发展学生的原则，学校确定了"全方位推进、多渠道浸润"的总体思路，构建"国家课程学科渗透、学校课程明理导行、实践课程巩固提升"的养成教育课程体系，六年一以贯之、循序渐进，培养学生良好的道德习惯、学习习惯、生活习惯、健身习惯，提升学生的综合素养，为学校特色发展、教师专业发展、学生全面而有个性发展提供了强大的动力。

通过名校长工作室的系列活动，南开区艺术小学在传承中发展，在发展中创新。学校始终坚持深层次发挥"以艺强德、以艺促智、以艺健体"的教育功能，在历任校长的不断探索下，初步形成了以京剧国粹艺术为主，以其他姊妹艺术为辅的艺术教育内容，以探索走班制、学分制为形式的艺术教育格局。在艺术教育架构上定编定岗，成立了专门的负责机构——艺术部；硬件上加大投入增加设备，现拥有服装室1间（内有累计价值五六万元的专业服装）、排练厅1处、琴室1间、艺术教室3间。同时，学校与天津电教馆合作录制了视频版《京剧课程》，完善了艺术学科的内容体系。通过学校德育课程的逐渐完善，孩子们在校园内接受国粹京剧的浸染，在艺术的海洋里任情翱翔。"六一"节，孩子们走上中国大戏院的舞台尽舒才情：场上精彩纷呈、场下掌声雷动；场上美轮美奂、场下如痴如醉，孩子们俊美的扮相、流畅的行腔让所有的观众感受到了国粹的博大精深，感受到了中华传统文化的无穷魅力。现在的南开艺术小学诗书谋报国，盛世习华章，孩子们在艺术的殿堂里自由成长，也让中华优秀传统文化薪火不息，代代相传！

通过名校长工作室各成员校之间相互学习、借鉴，南开小学逐渐形成了自己的德育课程体系和理念，学校以科学发展观和新课改核心价值观引领德育工作，在已经形成的德育经验和特色的基础上，立足学校实际和发展需要，寻求学校德育工作创新的生长点和突破口，为适应教育发展方式转变的新形势，确立了课程是教育的核心，充分发挥课程建设在学校德育工作中的重要功能，构建一系列德育课程结构，探索知与行的统一，完善德育课程构建与实施的思路。同时，学校对德育教育资源进行整合，归纳德育要素，开设德育课程，使之规范化、集约化、精细化，把原有的德育活动方式、德育教育方式纳入广义的德育课程中来，形成学校"CMEP"德育课程建设体系，确保德育工作在时间与空间上予以更大保证，能持久、有效地开展。"EP"德育课程尊重每一个学生自己的需要、兴趣、特长和个性，尊重他们自己独特的认知方式和学习方式，尊重每个学生个性发展的独特性、具体性，使他们的发展不仅仅是通过书本知识的学习而获得的。"EP"德育课程的实施除了转变学生的学习方式外，还给学生的发展带来多方面的变化：有效地调动了学生学习的积极性，发展了学生的个性，提高和发展了学生多方面的能力，有效地促进了学生情感、态度和价值观的发展。EP课程给学生带来的这些变化是任何一门学科课程无法替代的，让孩子们真正爱上了学校、爱上了学习、爱上了这里的老师。

水，处逆境不卑，处顺境而不傲。人，也应如此，任何挫折都应保持平和的心态。通过各成员校之间不断学习、交流、借鉴，南开区水上小学找到了自己的德育发展特色和理念。因为学校的校训"上善若水，厚德载物；龙马精神，全面发展"是以"挖掘水之内涵、丰富水之精神、提炼水之品性"为切入点，所以学校力求在校园里营造出浓浓的"善水文化"，打造出独特的"似水少年"。学校的德育工作紧紧围绕"水文化"重视学生思想道德建设，开展水之沉稳、水韵活力的德育活动，开设"水之灵动"特色心理校本课程，让学生感悟到最美好的品格、最高尚的情操就应像水一样，以宽广深厚的胸怀、好的品行来承载万物，善于包容。学校培养学生特长的宗旨是"多"而不滥：力求活动内容丰富，但是一切从学校实际出发，做到不模仿、不照搬、不作秀。"动"而不乱：每项活动都要让学生动起来，学校有组织、有制度、有指导、有监管。"发"而不限：就是尽情发挥每个学生的特长，做到不禁锢、不限制，让学生们敢于冒尖、敢于创新。"续"而不断："续"就是连续、就是坚持，因为"特色"必须以坚持不懈为保证。"水文化"不是一种急功近利的文化，而是对润物无声的追求，恒久悠远。所以，学校努力做到注重理论联系实际，在不断提高自身素质的同时，用高尚的师德去影响人，用良好的品德去塑造人，用发展的眼光去审视人，用渊博的知识去培养人。让学生在优秀教师的指引下、在优秀文化的熏陶下健康快乐地成长。

塘沽博才小学确定了"办适合孩子发展的教育，成就学生做最好的自己"的办学理念。"博爱博学，立志成才，暨用'爱'的阳光把学校办成优美整洁的花园、温馨和谐的家园，用'学'的雨露浇灌出充满书香的学园、个性发展的乐园"现代化学校的办学目标，全方位整合学校特色资源，使学校发展有品位，教师发展有思想，学生发展有特长，家长发展有内涵。教师们秉承博学、善教的教风，爱岗爱生、博学敬业，形成了良好的师德师风；同学们秉承明理、乐学的学风，努力学习，健康快乐成长。结合学校"开放教育"德育特色，以不断加强学校德育工作的时代性、科学性、实效性，营造出德育一体化的新格局，让学校的德育课程、德育活动，真正适应孩子的发展，办孩子喜爱的教育和学校。同时，积极发挥以学校为主体，家庭、社区、社会紧密相连的新型德育协作机制，构建全方位、立体化、开放性的德育工作网络。

天津市实验小学滨海学校传承市实验小学的办学理念：为学生的全面发展和终身发展奠基。学校开展了主题教育：根教育。人和树一样，根养好了，才能为成长提供源源不断的动力。教育的根在育人，培育根基扎实且适应未来社会的人。小学教育的根本任务是让孩子们的生命之根深扎、广延、牢固，为生命之树的成长提供充足的养料，让一棵棵小树蓬勃生长、枝繁叶茂。学校的"根教育"着眼于培育学生的五大生命之根：养品德之根，育高尚之人；培智慧之根，育好学之人；炼体魄之根，育健康之人；蕴审美之根，育高雅之人；植劳动之根，育自立之人。

十九大报告提出"深入挖掘中华优秀传统文化蕴含的思想观念、人文精神、道德规范，结合时代要求继承创新，让中华文化展现出永久魅力和时代风采"。多年来，河北区红星路小学构建独具学校特色的课程体系，提高学生的核心素养，使学生成为一个终身学习者和负责任的公民，做好全面准备。学校从师生书写技能抓起，通过写字练习，培养良好习惯，陶冶性情，增强文化底蕴；继而将写字课确立为校本课程，根据学生的身心特点和认知规律，遵循循序渐进的原则，不断调整、丰富书法教学内容，促进学生个性健康发展，为学生终身写好字奠定基础，逐步完善、发展学校书法工作；后又坚持以书法教育教学为载体，探寻书法背后所蕴含的人文精神，充分发挥浸润灵魂的育人功能。红星路小学的书法之路应该说是从特色项目发展为办学特色，以特色促进学生的全面发展。近年来，学校聚焦课程建设，落实学生发展核心素养，努力由特色学校向优质教育发展，逐渐形成了德育课程体系，取得了一定的成效。学校坚持"立德树人"的根本导向，把课程建设纳入深化课程改革工作之中，以"端端正正写字，堂堂正正做人"培养目标为引领，通过国家课程、校本课程、实践课程、家本课程的有效整合和立体开发，突出中华优秀传统文化特色，把学生核心素养的培养渗透到课程之中，逐渐构建出全员参与、全程体现、全方位实施的"书以达理、行而悦心"的红星德育课程体系，引导每个学生成为具有民族精神和时代精神的中华好少年。

第二节 德育课程对本区域其他学校的辐射与影响

中营小学作为天津市南开区的历史名校，遵循"发掘学生潜能，培育时代新人"的办学理念，以国家和我市教育政策为指引，以导学教育思想为指导，以科学的课程和教学理论为依据，以提升德育课程的引领性、教育性和实效性为宗旨，突出德育课程建设的时代性和前瞻性，结合学校自身德育课程资源优势，确立了"传承百年文化，秉承办学理念，铭记校训精神，促进学生发展"的"勤朴教育"德育课程建设思路。而这一德育课程思路也给兄弟校以学习和借鉴的经验，兄弟校再结合自身办学特点，不断创新、不断发展，均形成了自己的德育课程特色。

一、南开区艺术小学：艺术教育，让优秀传统文化代代传

南开艺术小学原名红旗路小学。为弘扬民族传统文化，1996年10月，学校成立了少儿评剧团。短短三年后的1999年，学校就有12名学生考入天津艺校，如今以刘洛涵（小花玉兰的弟子）为代表已成长为天津评剧院第四代评剧传人的担纲演员。2000年，学校更名为艺术小学，成为天津市唯一一所国办艺术小学。2008年9月，学校领导班子研究决定，把京剧作为学校办学特色，引入音乐课堂，以响应教育部"京剧进课堂"——继承传统艺术从娃娃抓起的课程改革的教育部署，成为团市委命名的首批"京剧进校园"试点校。2008年9月，学校首先利用学校广播开设"京剧鉴赏"，让学生从感性上了解京剧；然后挑选骨干成立兴趣组，由社区票友给予指导，共同开展活动，初步形成了京剧走进校园、学生走进社区的格局。2008年12月，学校成立了"弘扬国粹红领巾京剧社团"，固定每周二下午活动。2009年9月，学校将京剧引入课堂，低年级进行京剧知识的

普及，中高年级进行京剧唱段的学习。2011年，学校的京剧课堂教学分行当学习，双轨教学时男生集中学习老生行当、女生集中学习青衣行当。2015年，试行走班，学生不分男女，分别自愿选择学习老生、武生、武丑、青衣、老旦、京胡，使得学生根据自身条件学得有兴趣、有成就感。2016年，在传承京剧的基础上，学校还逐步开展昆曲的继承发展，现雏形初显，《惊梦》已是保留曲目。2017年，学校成为天津市艺术职业学院戏曲系招生训练基地，学生的艺术之路越走越宽。

从京剧知识鉴赏到小段学唱；从清唱到表演、彩妆；从生、旦细化到老生、武生、青衣、花旦、老旦多个行当。从兴趣小组到组建社团，进而成为校本课程；从社区京剧票友授课到专业演员授课；从校园内到走上中国大戏院的舞台；从一所普通的国办艺术小学成为天津市艺术职业学院戏曲系招生训练基地。在"京剧进课堂"的教学实践中，学校进行课程以外的兴趣培养与拓展提升。确立了一、二年级京剧兴趣培养，三、四年级课程教学普及，五、六年级重点提高展示。同时，重点推出"艺术教育档案"，尝试实行"艺术教育学分制"，记录每一个孩子在艺术教育上留下的清晰足迹、取得的点滴进步，让孩子们像大学生一样，对自己感兴趣的艺术课程进行选修，所得学分记录在个人艺术档案上，以艺术教育为突破口，以弘扬国粹为着力点，从容布局，稳步推进。

一系列艺术课程的开发，一系列艺术活动的开展，让孩子们在艺术的海洋里快乐成长，艺术文化和艺术素养也在潜移默化中逐渐形成。孩子们更在辛苦付出的同时收获了累累硕果。2010年，学校应邀参加了天津市政协举办的新年京剧演出，学生的京剧表演受到了领导和各界同行的好评。"弘扬国粹"红领巾京剧小社团由于表现突出，荣获"童趣杯"全国红领巾优秀小社团光荣称号。2011年7月，为庆祝建党九十周年，学校师生用戏曲、舞蹈诠释红色经典——《红梅赞》。学生分别用京、评、梆、昆、越、豫、花鼓戏、清音、黄梅戏九个曲种加上舞蹈对作品进行演绎，在中国大戏院上演，得到区政府、教育局领导的高度赞扬。《今晚报》等7家媒体对此项活动进行了宣传。2016年5月，学校举办了国粹风华现代京剧专场汇报。2017年5月，举办了"迎接十九大——艺术小学国粹风华传统京剧汇报演出"，多家媒体予以报道，腾讯视频全程直播。2017年7月，《今晚报》对学校京剧特色进行报道。2017年11月，天津电视台新闻频道《点赞新时代》栏目组，对我校传承、弘扬传统文化工作进行专访。

艺术教育让孩子们的校园文化生活丰富多彩，更让孩子们在学习展示中收获自信、收获成长。

二、南开小学：五五培养，为孩子的全面成长夯基

南开小学构建了"CMEP"德育课程体系。课程遵循"固化基础，有效拓展，多彩活动"的思路，以发展每个学生为主线，以培育小学生品德素养、身心素养、学习素养、创新素养、国际素养、审美素养、信息素养以及生活素养八个核心素养为目标，以"五五培养"为实施模式，形成"CMEP课程"体系。其中"CM"指班会课程，"E"指拓展课程，"P"指基地课程。

班会课程：按照课程计划要求，每周一节的班会课是一节可以自由支配的课。为了发挥这节课的最大功能，不浪费、不随意，为此学校将班会课程化管理。从学校德育工作的整体安排和需要出发，结合不同年级学生的身心发展以及班级发展实际水平，对班会课做整体设计和规划，从而促进学生身心健康、生动活泼发展。让班会课不仅成为学生自主发展和展示的舞台，还成为联系家庭、学校、社区的桥梁和纽带。一切对学生发展有利的教育资源都可以引入其中。"CM"课程包括六大主题：①楷模与责任；②读书与理想；③法治与安全；④身心健康；⑤习惯养成；⑥生活与生命。

拓展课程包括：①修身健体课：包括乒乓球、武术、足球、啦啦操等；②民族精神课：包括国学经典、古诗诵读等；③艺术熏陶课：包括素描、舞蹈、声乐、儿童画等；④科技创新课：包括手工制作、虚拟机器人、玛酷机器人等；⑤传统文化课：包括书法、围棋、剪纸、国画等；⑥多元发展课：包括全脑开发、物理好玩、国际象棋等。利用每周三、周五放学后的时间，主要以学生选修，吃"自助餐"的方式满足不同学生的不同基础、不同方向和不同层次的发展要求，既有普惠课又有选修走班课，为学生的个性化发展和素养的提高，提供了一条有效途径。

在实施基地课程时，学校提前与南开文化宫、天津市儿童福利院、周恩来邓颖超纪念馆和天津文庙等基地签订共建协议，排好课表，在不同时间、不同地点，组织不同学生到基地上课。其中，包括"①文化浸润课：天津市文庙博物馆。②传统民俗课：南开文化宫。③楷模教育课：周恩来邓颖超纪念馆。④爱心陪伴课：天津市儿童福利院。⑤社团活动课：管弦乐队、舞蹈队、合唱团、中国鼓队、足球队、乒乓球队。⑥社会实践课：各种场馆探索及大自然拓展体验"，让学生吃"特色菜"，使学生了解社会，拓宽视野，丰富知识，提高社会实践能力和综合素质。

同时，学校实施"五五培养"模式及考评，分两个层面，即学生层面为①热情参与、②感知体验、③领悟内涵、④理解运用、⑤总结升华。教师层面为①教法渗透、②手段渗透、③内容渗透、④语言渗透、⑤指导提升。学生通过学校"云

屏系统"发布的课程计划，根据自己的兴趣、爱好，在网上自主选课；申报拓展性课程的教师要提交课程名称、课程目标、教学内容、课时安排、组织形式、评价方法、课时讲稿提纲等相关资料。学校根据学生的反馈情况，对已开设的课程进行必要的修改、补充和调整，使其更符合学校的育人目标，更贴近现代生活和学生实际。以"科学性、趣味性、启发性、实践性、完整性"为原则，以作品、作业、学习体会（收获）、展览、表演、成长记录等为主要形式呈现。

最好的德育是怎样的？李镇西曾说："德育是一种积极的生活方式。所谓"积极"说的是行为文明规范，符合公民精神；所谓"生活"指的就是我们（不只是学生，还包括教师和学校的所有成员）每时每刻彼此交往的状态。南开小学的德育更多的是一种情境、一种氛围、一种气息、一种感染……如何让日常生活充满德育因素而又尽可能了无痕迹，这是该校的德育追求。自然而然，了无痕迹，这也是我们心中最好的德育。

三、水上小学："水之灵动"，做新时代文明儒雅学子

水无定性，不同的容器呈现不同的面貌，但是我们总想让水展现出最好的一面。教育也如此。教师不仅要教会学生课本上的知识，更要在课余生活中对他们细心呵护、多加关心；同时要以身作则，为学生树立正确的垂范榜样，通过潜移默化的方式对他们的人生观和价值观加以引导。

结合"建若水校园，做如水师生"的工作思路，南开区水上小学开展了"以周恩来为人生楷模，做文明儒雅的南开优秀学子"主题教育活动，充分挖掘周恩来思想道德教育的丰富资源，弘扬周恩来热爱祖国的深厚情怀、脚踏实地的崇高精神、严于律己的优秀品质、笃学修身的博大素养，促使全校学生"文明儒雅、勤劳笃行、明礼守法"。

同时，开展"追寻伟人足迹，向周总理致敬"系列活动。组织学生参观平津战役纪念馆，让学生了解周恩来总理在平津战役中做出的伟大贡献，了解伟人的生活点滴和为国操劳的日日月月、学习伟人无华的生活作风、毫不利己的奉献精神、一心为民的工作作风、严于律己的高尚品格。

学校开展的各种志愿服务活动也是围绕一个主题开展。结合雷锋纪念日组织学生参加社区活动，目的在于锻炼学生的能力，让学生敢于与人交流，点燃学生的爱心，培养学生的社会责任感、团队精神等。与天津文庙、鼓楼博物馆开展共建活动，开展了《纪念周恩来诞辰120周年专题连环画展》《孝德展》。为学生

提供良好的教育素材。带领一年级新生感受"开笔礼"，让刚进校的一年级新生在古韵飘香的仪式中通过端正衣冠、朱砂启智、击鼓鸣志、启蒙描红、茶敬亲师等环节，领略中华民族的文化精神，迈出勤奋好学、尊师孝亲的第一步。通过庄重的仪式让刚入学的一年级新生真正感受到入学是人生中的一件大事，是开始学习、走向成才的起点，以此激励学生们珍惜读书机会、勤奋学习。

为了让学生们全面成长、健康成长，学校还把心理健康教育贯穿学校教育教学活动中。学校将心理健康教育纳入学校整体发展规划和年度工作计划，成立了心理健康教育领导小组，在校长领导下，以专职心理健康教育教师为核心，以班主任和兼职教师为骨干，全体教职员工共同参与工作机制，分工负责，各司其职。同时，每学年召开专题工作会议，让全体教师认识到不仅仅是只有心理有问题的学生才需要进行辅导和咨询，而是通过对全体学生开展心理健康教育，能增强学生承受挫折、适应环境的能力，培养学生健全的人格和良好的个性心理品质。

学校每学期开展一次大型心理健康教育活动，活动的设计根据各年段学生身心发展特点。低年级主要包括帮助学生适应新的环境、新的集体、新的学习生活与感受学习知识的乐趣，乐于与教师、同学交往，在谦让、友善的交往中体验友情。中、高年级主要包括：帮助学生在学习生活中品尝解决困难的快乐，调整学习心态，提高学习兴趣与自信心，正确对待自己的学习成绩，克服厌学的心理，体验学习成功的乐趣，培养面临毕业升学的进取态度；培养集体意识，在班级活动中，善于与更多的同学交往，健全开朗、合群、乐学、自立的健康人格，培养自主参与活动的能力。

每周，学校还固定开展心理社团活动课。包括心理训练、情境设计、角色扮演、游戏辅导、心理知识讲座等。同时，学校还为每位学生建立心理档案，有的放矢地开展心理健康教育活动，变被动为主动，同时帮助学生正确认识自己、帮助家庭更全面地了解自己的孩子、更好地教育孩子。

为了更好地实施素质教育，学校充分利用学校资源，调动每一位学生，以"全员参与，形成技能，快乐成长"为思路，培养学生的个性特长。多年来在全面了解学生兴趣、特长的基础上结合学校实际，开设了铜管乐队、竖笛、软笔书法、陶艺、舞蹈、合唱、朗诵组等艺术课程，国际跳棋、象棋、足球、篮球、排球、田径、击剑等课外体育课程，科技、机器人、3D打印、无线电测向、无人机等探索类课程，让学生接受良好的科技教育，形成勤于探索、勤于研究、勤于思考的习惯。

第三节　德育课程对其他区域的辐射与影响

在全市，百年中营闻名遐迩。学校坚持以"发掘学生潜能，培育时代新人"为办学理念，以四字校训为文化引领，以培养"勤、朴、敏、健"中营人为办学目标，加强导学教育德育课程建设，积极发展素质教育，培养学生核心素养，落实立德树人根本任务，受到全市各类学校的交口称赞。中营着力构建德育课程、学科课程、传统文化课程、实践活动课程的"四位一体"德育课程体系，也引导着许多同行校形成了自己的德育特色，创出了自己的德育品牌。

一、河北区宁园小学：养成教育，为学生的一生发展奠基

宁园小学养成教育课程框架的建构是基于"为学生一生的发展奠基"的办学宗旨和"做更好的自己"的学校精神，更服务于"培养良好习惯奠基美好人生"的办学理念，让学生"学会做人、学会做事、学会合作、学会学习"，培养学生具备良好的道德习惯、学习习惯、生活习惯、健身习惯，促进学生健康全面地发展，提升学生的核心素养，为学生一生的发展奠定坚实的基础。

作为与新中国同时代的学校，学校始终注重学生德智体美劳全面发展。近年来，学校依据外来务工随迁子女比例较高、学生行为习惯问题较为突出的实际，以问题为导向，迎难而上、寻求突破，确立了"培养良好习惯,奠基美好人生"的办学理念，凝练出团结、勤奋、务实、创新的校风，厚德、启智、敬业、爱生的教风，勤学、善思、知礼、笃行的学风，以及"言行一致、持之以恒"的校训。在推进习惯养成教育的过程中，采取"进管理、进课堂、进家庭、进活动、进环境、进实践"的实施策略，营造教育氛围，取得了突出效果，逐步形成了"以习惯养成教育，助推学生全面发展"的办学特色。近十年的深入研究和扎实实践，

为学校养成教育课程体系的建构和实施打下了良好的基础。

学校整体架构养成教育课程框架，为深入落实习惯养成教育，制定了校本课程建设方案，成立了以校长、德育主任、教务主任、骨干班主任参与的课程研发小组，先后研发了3套校本课程资源，并不断修订完善。2011年编印了《与好习惯交朋友》教育读本，周会课由德育主任和班主任分别讲授；2012年研发并实施了一、二年级校本课程《礼仪在我身边》，从举手投足、接人待物、学习生活的点滴细节给入学新生以教育和指导，教材获全国综合实践活动优秀课程资源评选一等奖；2017年，在课程研发小组的带领下，组织全体干部教师参与课程建设，共同为学校习惯养成教育融慧发力。经过广泛学习、整体架构、充实丰富和细化整理，研究制定了小学低、中、高阶段需要培养的习惯目标和具体内容，分列到六个年级84个条目，螺旋式上升，逐步深入，并创编了一至六年级《习惯养成教育系列读本》。

读本中，一、二年级在教育方法上以示范、启蒙为主，目的是树样板、立规矩，以学歌谣形式展开教学活动。三、四年级以明理导行为主，目的是明辨是非、指导行动，以故事会、讨论会、课本剧为基本课型。五、六年级以养成、提升为主，目的是养成教育、内化素质、付诸实施，以活动课为主要课型。

同时，学校在礼仪教育进课堂的基础上，为巩固礼仪教育的效果，还专门制定了一系列规范要求，建立了常规检查评价制度，强化了学生的行为规范训练，开展了丰富多彩的活动，从而促进了学生行为规范的养成。通过读书节、艺术节、体育节、书法节、心运会等学生乐于参与的校园文化活动，在活动中助推学生良好行为习惯的养成。与此同时，鼓励学生在家中做力所能及的家务，定期参加环保护绿、敬老助残等志愿服务，在深入社会实践中锻炼、检验、内化、升华，逐步固化为习惯，积淀为素养。

主题适切、设计精美的仪式，对净化学生心灵、提升学生的道德情操有着特殊的教益。每年的元旦艺术节，是学校开展艺术校本课程《手工灯笼制作》的成果盛典，一盏盏融书法、剪纸、绘画技艺创意无限的灯笼，培养了学生的良好习惯和动手能力，陶冶了学生的艺术情操，传承了中华传统文化，绽放着时代的华彩乐章；为一年级举办"亲子入队活动"，让家长见证最为激动人心的一刻；为六年级举办"毕业典礼"，颁发毕业证书，让即将毕业的学子泪洒现场，感动满满，立志一生奋进，做更好的自己。

养成教育不是一日之功，建立一套完整的管理体系和工作制度是持之以恒抓好养成教育的重要保证。学校成立了校长负责的养成教育领导小组，将养成教育纳入每学期的教育教学计划，扎实推进，年年出新。学校制定了《宁园小学教师师德规范》《教师20个好习惯》，引领教师率先垂范、科学育人。学校还集全校师生智慧制定了《宁园小学文明公约》《好习惯分学段目标》等，为学生习惯养成提供标准、指明方向。同时，全力打造校园文化，以养成教育文化墙、主题文化长廊、教育警语彰显教育特色，让每一面墙壁说话，让每一个角落育人。

二、塘沽博才小学：开放教育，办适合孩子的教育

塘沽博才小学的德育工作以爱育德，润泽童心，让爱心伴随学生的成长。学校突出爱心特色，优化育人环境，重新更换了校风校训；重新设计了教学楼前厅、植物角、科技长廊、阳光心灵长廊、足球长廊、国学长廊、足球体验长廊、足球文化墙等。在学校前院设计了充满传统文化气息的景观，由太阳花和"砚田皆粟味，心地有兰香"的文化牌匾组成，其寓意：教育不忘初心，精神高雅不俗的师生文化理念，引导教师践行博爱做人，创建养师德、修师行、育师魂的师德师风，将校园足球、传统文化与校园文化融为一体，体现了学校文化传承与体育精神的完美结合。同时，在原有花坛里开辟了"红领巾种植园"科技实验园圃，种植向日葵、月季花、黄瓜、西红柿等花卉植物，营造错落有致、清新优雅、馥郁芬芳、姹紫嫣红的育人环境，起到润物无声的教育效果；突出让墙壁说话、让花草传情、让校园的每一面墙、每一个角落都成为活生生的教育素材，突显环境文化的教育魅力，营造了浓郁的校园文化与特色氛围，在学校发展愿景中不断丰富和拓展学校文化内涵。

学校围绕校训和办学目标，凝练提出了"开放教育"的德育特色，确立"三个层面、29个德育目标"的德育管理体系。三个层面即"博爱、博学、博才"。"博爱"培养师生"爱我、爱校、爱国"，"博学"培养师生"学习惯、学知识、学特长"，"博才"培养师生具有"求学路、好人生、中国梦"的美好愿景。"爱我"从"自我认知、自我接纳、自主发展"三个方面，培养学生的兴趣特长、自律自强、全面发展；"爱校"分爱同学、爱师长、爱班级、爱校园四个方面，旨在培养学生关爱友善、尊师感恩、爱校如家、责任奉献的品质；"爱国"分爱家庭、爱家乡、爱社会、爱传承四个方面，教育学生孝亲敬长、品味乡情、热心公益、弘扬传统等；"学习惯"分学会生活习惯、文明礼貌习惯、道德习惯三个方面

培养学生独立生活、团结友爱、和谐相处、爱护公共、追求美好等良好品质；"学知识"分学世俗知识、科学知识、人文知识、社会科学知识、艺术知识五个方面，为学生开阔眼界、增长才干，提升学生的综合素养；"学特长"分学艺术、学体育、学动手制作三个方面培养学生的特长，使学生在小学阶段培养一项艺体特长；"求学路"分联盟各类学校、学习名家励志故事、体验科技团队三个方面激发学生励志向上、发奋读书的意志品质；"好人生"分为名优学子讲坛、足球名将联谊、科技参观体验、劳模英雄事迹聆听等四个方面培养学生不怕困难、刻苦学习、学有所长、奋发有为的优秀品质；"中国梦"分为我的理想、校为我荣、实现理想三个方面培养学生从小树立远大理想，好好学习立志成才，为实现中国梦而努力。

学校注重抓好德育课程改革，推进课程建设。依据中小学教育目标和任务，整合国家、地方与学校课程，建设贴近社会、贴近生活、循序渐进、学段衔接、符合学生认知规律、富有特色的德育课程与教学体系：建立各学段的德育课程、校本课程；强化学科课程德育功能，增强学科课程教育的时效性；强化学科与德育融合，发挥课堂育人功能。建立德育学科的评价机制；加强心理健康教育，注重培养学生阳光健康的学生形象；提高学科教学工作的德育实效，注重学科德育渗透。

同时，学校积极开展中小学生思想道德教育实践活动，大力推进德育实践活动体系建设。促进校内常规德育实践活动制度化、特色化，校外德育实践活动规范化、系列化，增强主题德育实践活动的实效性、针对性，丰富学生的道德体验，改善学生的道德行为：首先设计系列化德育主题教育实践活动。其次，规范学校外德育主题教育实践活动，丰富校外"实践基地"的活动内容，科学合理规范安排好校外研学活动。再次，积极开展少先队活动。同时，将"开放教育"德育特色与学校各项工作相融合，提升德育工作的水平；开展艺体实践活动，以校园足球、剪纸等特色为龙头，提升艺体活动水平。

同时，学校强化"文化育人"的功能。加强中华优秀传统文化教育，在潜移默化中培育学生良好的道德素养：①大力弘扬中华优秀传统文化。丰富学校版画、剪纸、古诗词诵读与创作等传统文化社团活动内涵。②建设现代学校文化。注重学校文化建设的时代性，与快速发展时代城市相匹配。③设计出具有时代性、教育性于一体的校园文化。④营造具有自身特色的校园足球文化。

三、天津市实验小学滨海学校：品行教育，以心育心，以德育德

天津市实验小学滨海学校逐步开发出"根教育"系列课程，目前开设的课程有四类：学科类课程、素质拓展类课程、德育微课程、活动类课程。

（一）学科类课程

充分发挥课堂主渠道作用，将立德树人放在首要位置，融入渗透到教育教学全过程，以心育心、以德育德、以人格育人格。

学科类课程包括国家地方开设的基础性课程和学校开发的校本课程。校本课程设置：一年级为绘本阅读，二年级为衍纸画，三年级为手工编织，四年级为名著导读。

（二）素质拓展类课程

素拓课程分为三个层面，包括四大类。三个层面分别为校级、年级和班级，四个类别为书法艺术类、体育技能类、阅读思维类、运用创新类。课程建构做到了全员覆盖，学生参与率100%，每位学生每周至少参加2次，每次不少于80分钟。校级素拓课程以艺体教师为主、外聘教师为辅，针对学校特色、各项赛事和活动的需要成立各支队伍。目前学校共开设素拓课程27门。

艺术书法类：非洲鼓、衍纸画、硬笔书法、传统文化、合唱、塑作、戏剧社。

体育技能类：空竹、篮球、足球、啦啦操、羽毛球、围棋。

阅读思维类：小主持人、思维训练、故事会、名著导读、儿童诗创作、自然拼读、豆豆圆舞曲、天才建筑师。

运用创新类：英语歌曲类、Scratch编程、折纸、十字绣、魔方、航模。

（三）德育微课程

立足于学生成长的关键期，为培养学生良好的行为习惯开设微小课程。以短小视频、微课为载体，明确习惯的养成标准，强化训练，达成目标。

目前学校的微课程有课间活动指导、升旗行为指导、中午就餐指导、劳动技能指导、学生人际交往指导等。

（四）活动类课程

活动类课程分为类"美德少年"评选活动课程、研学实践类课程及能力冲关活动课程。

1."美德少年"评选活动课程

按照学校"品德树"的八种美德来评选美德少年，每学年评比一次，美德少年分别是自信美少年、有礼美少年、责任美少年、活力美少年、节俭美少年、

博雅美少年、创新美少年、友善美少年。

实验滨海学校是一所新生的学校，也将是一所激扬生命活力的学校、一所生机勃勃的学校。学校设计一棵枝繁叶茂的大树，取名为"品德树"。"品德树"所代表的意义是：积蓄生长的力量，努力成长为最好的自己。"品德树"的每一根树枝乃至树干都代表着一种美好的品德，分别是自信、尊重、责任感、活力、节俭、审美雅趣、敢于尝试、合作分享。这些是人类共同追求的美德，也将会是滨海学校师生引以为荣的美德。

2. 研学实践类课程

每学年至少安排一次外出实践活动，帮助学生了解家乡、了解社会、了解环境。

3. 能力冲关活动课程

学校以培育学生发展核心素养为目标，以指导学生养成良好的学习、生活习惯为重点，以培养学生的表达、思辨能力为突破口，开展于每学期期末在一至三年级举行冲关活动。每学期期中阶段，学校会制定冲关标准，各学科教师帮助学生做好充分的准备。冲关活动分为八大板块、14—16项内容，分别是：语文板块的听说、朗读、写字讲述等内容；数学板块的动手摆、测量、讲题等；英语板块的单词记忆、课文表演、小组合作情境表演等；音乐板块的小组合作表演唱、音乐知识过关等；体育板块的广播操、跳绳测试等；美术板块的绘画展示；校本课程板块的围棋测试及德育板块的生活技能比赛。

四、河北区红星路小学：书法教育，让学生堂堂正正做人

河北区红星路小学的德育课程框架由"习书""达理""躬行""悦心"四大课程板块构成，突出中华优秀传统文化特色，把学生核心素养的培养渗透到课程之中，从而实现"书以达理，行而悦心"的红星德育课程目标。

学校加强顶层设计，完善课程建构，彰显特色课程，提升办学品位，以四个课程板块完成学生培养的四个目标，形成红星德育课程体系，以点带面，四位一体，从而实现"书以达理，行而悦心"的课程目标。

（一）习书课程板块——写好汉字，悦人之目，树中华自信

学校将书法相关课程重新整合形成习书课程板块，立足国家基础性书法课程规范书法学习,立足校本课程提升书法技能,立足家本课程提供自主学习平台,以书法为兴趣点激发学生各学科学习热情，完成对学生文化底蕴、学会学习等

核心素养的培养。学生习字习德，正人正心，从热爱中国书法到了解中华民族优秀文化传统，激发热爱祖国的民族自豪感。

1. 落实国家课程，重在技能普及

学校依据国家课程《书法练习指导》资源序列，录制配套微课讲解，逐课设计，突出重点难点，系统示范指导。同时，学校研发国家课程教材配套书法练习册，逐课设计编制，一课一练，强化落实效果。

2. 研发校本课程，重在积累提高

学校坚持多年，开设每日 15 分钟的微型校本课，全校师生坚持每天练习书法；每周一节"书法名师精讲课堂"的个性课程，重在培养特长生。学校还积极研发配套校本课程资源，已经编写出本校第五套校本课程资源——《红星书学》。

3. 创新家本课程，搭建自学平台

为将习书课程延伸至家庭，学校以"打开手机，书法学来"的全新理念，特别设立了家本课程。通过学校"红星书学"APP 设置四个习书栏目："每日一字""每日一析""每日一赏""每日一展"。同时，为将校内学习延伸到课外，书法教师录制了 4000 多节微课视频，上传至"红星书学"APP 平台，极大满足了广大学生自主学习的需求。

（二）达理课程板块——经典育人，悦人之言，传中华文化

为让学生学习中华优秀传统文化，学校从一年级到六年级开设"明礼"系列经典课程，为每个年级的学生选择适合的文学经典、名篇佳句、美德故事，分别通过"知诵、知文、知美"三板块内容，最终完成各个年级的"知礼"教育内容，即一年级知拱手之礼、鞠躬之礼、劝谏之礼、寒暄之礼，二年级知尊师之道、居家之礼、克己之礼、待客之道，三年级知迎接礼仪、谈话礼仪、如厕之礼、勇于担当，四年级知勇敢之士、勤奋之士、清廉之士、仁义之士，五年级知长幼有序、称谓之礼、用餐礼仪、祝寿礼仪，六年级知筷子礼仪、孝敬父母、敬茶礼仪、爱国志士。

（三）躬行课程板块——践行美德，悦人之心，有中华担当

躬行课程板块包含校内和校外两部分：校内以学生社团为基本单位，开发社团多元课程，为学生提供丰富的选择，拓展自身素质；校外以课题研究为主要形式，开展不同系列的社会实践课程，让学生在学习、探究、实践中提升自身素质与能力。

（四）悦心课程——励志振兴，悦人之行，立中华精神

悦心课程通过走进家庭，融入社会，意在把学生培养成为"德才"兼备、"品行"俱佳的新型人才。学校通过社会爱心课程让学生树立社会责任感，形成中华担当的精神。

社会爱心课程分日常志愿服务和主题公益服务两部分。学校开发了以志愿服务为内容的校本教材——《红星路小学志愿者读本》；学校还明确要求每名学生每学年至少参加一次以上、累计 7 小时以上的志愿服务，并计入评优。

除了日常服务内容外，社会爱心课程在每月都有系统的课程计划，并不断创新拓展志愿者服务的形式和内容：一月份，在校内成立校园环保小分队，开展"垃圾回收"活动，用实际行动来保护环境；三月份，通过校园义卖帮扶特困生，并开展各种捐款捐物活动；五月份，在校外完成"全国助残日"志愿服务工作；九月份，走进"敬老院"为老人们送温暖……

该校的红星德育课程体系始终围绕 21 世纪的学生应具备哪些核心素养这一前瞻性战略问题，最终将学生培养成具有综合实力的新型的新时代建设者和接班人。

交流孕育优秀，交流助推成长。名校长工作室的全体成员，共同分享德育课程经验，畅谈德育活动心得，共谋未来发展策略。大家以人为核心，以文化人、以德育人，将德育落实在各科课堂教学之中、渗透在校园生活的各个环节、延伸到学生发展的方方面面，实现了德育工作师生全覆盖、校园空间全覆盖、教育教学内涵全覆盖，形成了具有鲜明德育特色的教育大格局、大情怀。

站在教育领域综合改革的潮头，名校长工作室的成员们精诚团结，砥砺前行，迎接新挑战，理直气壮落实好德育课程一体化，为办好人民满意的现代化高品质学校而努力着。

第六章

德育课程的反思与升级

2019 年 8 月，中共中央办公厅、国务院办公厅印发《关于深化新时代学校思想政治理论课改革创新的若干意见》（以下简称"《意见》"），指出要"统筹大中小学思政课一体化建设，推动各类课程与思政课建设形成协同效应"。打通大中小学思政课"任督二脉"，推动不同学段思政课一体化建设势在必行。

在学校思想政治理论课教师座谈会上，习近平总书记曾指出："要把统筹推进大中小学思政课一体化建设作为一项重要工程，推动思政课建设内涵式发展。"这一重要论述为当前思政课建设指明了方向。在新时代，不同学段的思政课既要"守好一段渠，种好责任田"，更要树立起整体性的思维，接力培养、上下贯通、形成合力。

不可否认的是，在中小学德育课程的探索之路上，虽然一代代教育人不断探索、辛勤付出，但科技发展日新月异，知识更新层出不穷，总在倒逼我们不断加快德育改革创新的步伐。德育目标碎片化、德育课程专门化、学科教学知识化、德育脱离生活化、校内外教育割裂化……传统的学校德育工作模式和方法，已不能满足当前中小学生发展成长的需要，我们唯有不断探索、不断跟进、不断创新，才能实现今天的教育永不落伍。

一、构建大中小学德育一体化育人新格局

为切实加强党对教材工作的全面领导，提高教材建设科学化、规范化水平，前不久，国家教材委员会印发《全国大中小学教材建设规划(2019—2022 年)》（以下简称《规划》）。《规划》提出，到 2022 年，教材建设全面加强，教材管理体制基本健全、体系基本完备、质量显著提升，更加适应中国特色社会主义发展要求，更具中国特色和国际视野，育人功能显著增强，开创教材建设新局面。

教材的核心功能是育人，为确保教材全面落实习近平新时代中国特色社会主义思想，《规划》提出三项具体任务：一是系统设计大中小学课程教材，落实习近平新时代中国特色社会主义思想实施要求；二是整体设计大中小学思想

政治课课程教材；三是分类分段修订其他教材。"《规划》是对新时代教材建设蓝图的描绘，揭开了新时代教材改革的新篇章，是一个划时代的文件。"中国教育学会名誉会长顾明远这样评价《规划》的意义。

《规划》以习近平新时代中国特色社会主义思想为指导，贯彻党的十九大和十九届二中、三中、四中全会精神，落实全国教育大会精神，对未来一个时期我国教材建设进行了全面部署。《规划》要求，提高大中小学各学段教材综合质量，使教材成为落实立德树人根本任务的重要载体。大中小学德育一体化是提升教材质量的一个重要维度。为此，《规划》要求加强教材内容的思想性，促进知识教学与社会主义核心价值观融合，将知识传授、能力培养与思想理论、理想信念教育有机融合，使思想性、科学性与时代性有机统一，在不同学段、不同学科和不同类型学校实现德育一体化，提高教材的育人功能。

我认为，所谓大中小学德育一体化，是指将立德树人的德育要求落实在大中小学课程、教材和教学中，形成各学段纵向衔接，各学科（专业）横向配合，教育内容逐层递进、螺旋上升的一致性连贯体系。在世界格局大变革、媒体手段日新月异、价值观念多元复杂、意识形态斗争激烈的形势下，《规划》强调党对教材工作的领导权，使教材建设立足于中国特色社会主义，体现党的教育方针，助力培养德智体美劳全面发展的社会主义建设者和接班人。

我认为这是非常重要，也是非常必要的。当前，不容忽视的是，虽然我们的德育工作者都在自己的岗位上尽心尽力，但由于没有沟通、没有形成体系，不同学段学校间的德育割裂、传承等问题不容忽视，所以，我们要在改革实践中逐渐突破原有德育理念的局限，形成德育一体化建设的新理念，以此来全面统筹推进德育改革，增强德育的系统性、精准化和适切性，打造德育改革的升级版，建设整体育人的新格局。

教育要为每个学生树立民族精神之根，铸就爱国主义之魂，德育要润物无声、直指人心才能有效，不同年龄段的教学方式和内容应是不同的，适合学生的才是最好的，而大中小幼德育一体化工作，就是要让各学段学校在德育上各有分工又相互衔接。

首先，要加强大中小幼德育一体化的整体性设计。在大中小幼德育一体化设计过程中要充分遵循青少年"拔节孕穗期"的规律，整体设计德育目标，为少年、儿童从小打好理想信念的底子、思想道德的底子和健康身心的底子，埋下共产主义、社会主义、爱国主义的种子，以及道德情操、良好行为习惯的种子，扣好人生的第一个扣子。

其次，要加强大中小幼德育一体化的差异性设计。结合不同学段学生认知规律的特征，按照循序渐进、螺旋上升的规律，对各学段德育目标实现程度和表现形式进行差异化设计。幼儿园阶段重在感性认知，培育良好天性。小学阶段重在启蒙道德情感，养成良好品行。初中阶段重在打牢思想基础，塑造完善人格。高中阶段重在提升政治素养，树立良好志向。大学阶段重在建立政治信仰，增强使命担当。

最后，要加强大中小学德育一体化的深刻性设计。德育课程是其他课程的导向标和灵魂，学科课程、文化课程和实践课程则是在德育课程的总目标下，共同承担起促进学生道德发展的目标和任务，且后三类课程对学生道德的发展都有其独特的不可替代的责任和作用。只有通过全员德育、全科德育、全方位德育、全过程德育、全社会德育，积极培育和践行社会主义核心价值观，才能让习近平新时代中国特色社会主义思想真正"进教材、进课堂、进头脑"，培养出真正"内外兼修"的优秀学生。

二、构建特色德育课程，唤醒学生美好心灵

其实，今天的德育课程，重点不是法律条文、道德事例的分析，而是精神的传扬，不是知识而是信念，不是口号而是行动……是从书本出发，更要回归生活，情理结合才能讲好故事，传递理念。

真正的教育在于唤醒，德育亦是如此，在不知不觉中开始，在潜移默化中理解，在循序渐进中掌握，在春风化雨中提升。所以，德育课程的关键在于，丰富德育内容，创新德育方法，拓宽德育渠道、打造德育特色，让学生在不知不觉中打好人生的底色。

不能否认，在有些学校，很多德育课针对性不强，内容空泛，形式单一，灌输、说教多，互动、共鸣少，实效性差，对学生缺乏足够的吸引力，德育课枯燥乏味，德育效果不佳的问题较为突出。

首先，让德育课程回归生活。德育课程改革，直指德育课程、教学、评价与生活世界的疏离。回归生活成为德育课程改革最响亮的理念。生活是道德存在的根据与形态，整体性、实践性、生成性是生活世界道德的主要特征。回归生活世界的道德教育要走进方方面面的生活、生活的方方面面；道德学习应是生活的、实践的，而非简单归结为知识的、思想的。道德教育应回归学生真实

的道德生活，真实的道德生活所体现的是真确的道德事件，所引发的是真正的道德冲突，所获得的是真情的道德体验。德育课程资源的开发与运用应围绕、体现学生真实的道德生活。这样的德育课程改革，在价值取向上实现了道德观从知识道德向生活道德转变，课程观从唯知识论走向生活经验论，学习观从单向传输转向交互作用。这样的德育课程才是有效的、受欢迎的，适应当今社会发展的。

其次，让德育课程灵动起来。习近平总书记在学校思想政治理论课教师座谈会上指出："推动思想政治理论课改革创新，要不断增强思政课的思想性、理论性和亲和力、针对性。"

而温州市第五十一中学提出的"灵动课程"，是结合当下高中生的成长需要、学校的办学优势和教育资源，在总结前期课改经验和听取多方意见的基础上形成的，该课程体系致力于促进学校特色发展和学生的个性成长，深受学生们的喜爱和教育同行的夸赞。

而其中"灵动德育课程"包含三个层次：能动课程，心动课程，行动课程。学校通过"三全"德育途径，让学生充分、自主地"动"起来，以培养立身、立德、立志、立行、立学的灵气学子。

"能动"德育课程，以《学生发展指数操作细则》实施为主导，完善以加减分、谈话、预警、约谈家长、行规课程学习、表彰先进和纪律处分为主要手段的常规教育实施过程。同时研发有特色的学生行规教育课程与自主管理课程，将德育过程性评价推向纵深。

"心动"德育课程，以主题班会为主要载体，分年级开展系列主题班会，触动学生心灵，提升学生灵魂境界。同时辅以自我成长课程、自主提升课程和德育导师活动开展，三年一贯地培育学生，达到立德、立志的德育目标。

"行动"德育课程，立足课外，通过开发责任体验类、兴趣特长类、研学实践类和心理与生涯规划类课程，将校园主要德育主题活动，如艺术节、体育节、寝室文化节、主题团日、青年志愿者协会活动、新生军训、励志远足、成人礼、毕业典礼、社会实践等进行整合，构建行动系列德育课程。

这样的课程，来源于学生生活，又回归于学生生活。真真切切，近在咫尺。其实，德育的关键是切合实际、触动心灵。教育是心灵对心灵的呼唤，情感对情感的温暖，灵魂对灵魂的引导，智慧对智慧的激发，需要不断拓宽育人途径，不断创新育人模式，才能促进学生全面而有个性的发展。

三、构建"三位一体"全方位育人大格局

立德育人，协力同行。教育，光靠学校是远远不够的，需要全社会的共同参与，协同育人。

当前，必须树立一种全新的德育观念，打破学校和家庭、社会的界限，把三个方面力量有机组合起来，努力构建"三位一体"的紧密关系。校外教育是一个全方位的综合性的社会工程，它与学校教育各有特点、相互补充，它可以进行各种教育改革和教学实践，开辟青少年的智力和体力，并培养青少年的社交能力和独立创新能力，所以，社会教育、家庭教育、学校教育缺一不可。

首先，倡导家庭教育助力学校德育。家庭教育是整个教育的基础，父母是孩子的第一任老师。如果学校教育得不到家庭教育的支持和配合，即使学校再努力，也是难以起到应有的教育实效。今天，大多数都是独生子女家庭，一部分家长对子女的教育不能与学校德育"步调一致"，对子女百依百顺，娇生惯养，这非常容易让学生产生错觉甚至迷茫。所以，加强家庭教育尤为重要。

苏联教育家苏霍姆林斯基曾说："两个教育者——学校和家庭，不仅要一致行动，要向儿童提出同样的要求，而且要志同道合，抱着一致的信念，始终以同样的原则出发，无论在教育的目的上、过程上，还是手段上，都不要发生分歧。"因此，要发挥家庭教育在学校德育中的重要作用，首先必须加强家、校的双向协调。学校只要在教育活动中与家长们建立信息沟通的渠道，就可以避免出现"双方目的相同而手段各异，造成受教育者茫然不知所措，最终收效甚微"的现象。

同时，发挥家庭教育在学校德育中的重要作用，还必须重视和加强对家庭教育的个体指导。应该承认，目前大部分家长的整体文化水平是提高了，家庭教育能力也相应增强了，但有些家长缺乏教育的专业知识和理论修养，缺乏科学的教育方法，不利于孩子的健康成长。为此，学校要明确自己肩负的重任，要不遗余力，想方设法，寻找和利用一切可行机会，诸如，请学生家长进学校听专家、学者的家庭教育报告，利用家访的有利时机对学生家长进行个体指导。要知道，德育是否能持续、连贯，家庭教育起着至关重要的作用。只有家校真正形成合力，真正心往一块想、劲往一块使，才能真正教育出走到哪里都积极阳光、乐观开朗的新时代好少年。

其次，拓展"学校、家庭、社会"协同育人平台。其实，在这方面，上海已经走在了前面。上海市中职学校的德育工作者们积极探索，不断创新，形成

了许多德育工作经验和成果。例如：上海商业会计学校一直致力于深化"协同德育"，传承着"手脑并用""做学合一"的历史使命，关注学生综合素养的提高，最终在清荷文化的品牌下初步形成了四大子品牌："荷美商会，会育商才"教育教学品牌（通过校企合作，开展课程思政和企业文化育人）；"荷你莲心，助力成长"协同德育品牌（利用社会和家庭资源协同共育）；"荷携同行，党建引领"党建带团建品牌（通过主题党日和主题团日活动，从学校小教室走向社会大课堂）；"荷作共赢，交流互鉴"国际交流与合作品牌（通过 SCT 国际交流志愿者团队进行先进职教经验与文化的交流）。

让孩子们有更多机会走出校门、走进社会，让各种德育活动更加系统化、常态化，让社会多方力量积极参与到学校的办学发展中来，这样的教育不仅接地气、开眼界，更让家校间、亲子间、学校与社会间有了更多相互理解和包容的机会，而且让学校教育有了更多的思路和思考，也更加能得心应手、与时俱进。

爱因斯坦曾说，"人类最重要的努力，是在我们的行为中追求道德……只有道德的行为才能给生命以美和尊严"。学校教育就是营造让道德的行为给生命以美和尊严的氛围，激励学生下决心去做一个高尚的人、一个纯粹的人、一个脱离低级趣味的人、一个有益于人民的人。

百年大计，教育为本。教育工作，育人为先。站在新的历史起点上，中小学德育要不断丰富德育内容，创新德育方法，完善德育载体，打造德育特色，增强德育实效，提升德育队伍，拓宽深入实施素质教育的渠道，才能推动中国梦早日实现。德育工作事关重大，影响深远；做好中小学德育工作时不我待，任重道远。我们既要追求"人修骏德，天锡鸿禧"，更要向往"山川竞秀，物我皆春"，才能为实现中国梦，奠定良好的育人基础。